KB260249

나는
하루하루를
불태웠다

마산상고에서 롯데그룹 CEO까지

나는 하루하루를 불태웠다
마산상고에서 롯데그룹 CEO까지

2008년 2월 20일 1쇄 펴냄
2008년 6월 1일 2쇄 펴냄
2011년 8월 10일 3쇄 펴냄

지은이 ㅣ 이종규
펴낸이 ㅣ 서용순
펴낸곳 ㅣ **이지출판**

출판등록 ㅣ 1997년 9월 10일 제300-2005-156호
주소 ㅣ 110-350 서울시 종로구 운니동 65-1 월드오피스텔 903호
대표 전화 ㅣ 743-7661
팩스 ㅣ 743-7621
이메일 ㅣ easybook@paran.com

ⓒ 2008 이종규

값 12,000원

ISBN 978-89-92822-11-4 03320

※ 잘못 만들어진 책은 바꿔 드립니다.

마산상고에서 롯데그룹 CEO까지

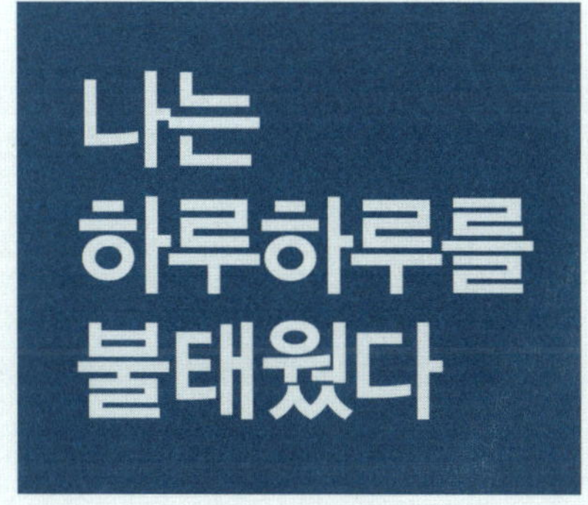

나는 하루하루를 불태웠다

이종규 지음

책으로 여는 세상
이지출판

도전하는 삶의 아름다움

어려운 가정형편 때문에 대학에 진학하지 못하고 고등학교만 졸업했음에도 불구하고, 치열한 조직사회의 경쟁 속에서 학력의 벽을 뛰어넘어 롯데그룹의 CEO가 된 이종규 사장은 꿈과 비전, 열정을 소유한 전형적인 자수성가형 CEO다.

그리고 "독서는 삶을 변화시키고 성장시킨다"는 신념을 가지고 독서를 멘토로 삼아 끊임없이 학습해 온 열정의 소유자다.

그의 열정의 힘은 무엇인가?

매일 아침 5시에 일어나는 부지런함과 정직하게 맡은 일에 최선을 다한다는 자신감이다. 그러기에 아무리 힘들고 어려운 상황 속에서도 긍정적인 마음을 가지고 도전을 즐기며 열정적으로 살아오지 않았나 생각된다.

목표를 향한 일관성, 절대 포기하지 않는 도전정신, 일에 대한 철두철미한 몰입, 이 모든 것이 롯데제과의 일반직 사원으로

입사하여 (주)롯데캐논 영업본부장 전무, (주)롯데삼강, (주)부산
롯데호텔, (주)롯데햄·롯데우유의 CEO가 된 저력이다.

또한 세심한 성격으로 모든 일에 완벽함을 추구하여 정보통
신정책연구원 추천 신지식인으로 선정되었으며, 노사(勞使) 안
정으로 산업발전에 기여한 공로를 인정받아 근로자의 날에 동
탑산업훈장을 수상하기도 했다.

한번 목표를 설정하면 반드시 달성하고야 마는 추진력과 모
든 것을 숫자로 확인하여 일을 처리하는 세밀함이 열악한 조건
을 극복하고 CEO로서 성공하게 된 큰 원동력이 아닌가 싶다.

그는 40년간 열심히 참으로 아름다운 삶을 살아왔다. 마음
속에 있는 무궁무진한 잠재능력을 깨우기 위한 도전이 그의
운명을 바꾸었다고 생각한다.

그 삶의 여정은 도전하는 삶의 아름다움을 이야기합니다.
여러분들도 꿈과 비전을 가지십시오. 그대들이 비전을 가지
고 도전하면 바로 현실이 됩니다.

2008년 2월
신준호 롯데우유 회장

미래를 꿈꾸는 이들의 나침반

평소 존경하는 이종규 사장님이 또 하나의 성공법칙을 세상에 내놓았습니다. 2001년, 나의 졸저 《제3경영의 눈》에서 그 시대에 빛났던 네 분의 CEO 중 한 분으로 그를 소개한 바 있거니와, 이 책은 (흔히 알려진 금언 또는 격언을 소개하는 차원이 아닌) 그가 스스로 겪으며 실천하는 가운데 터득한 성공 전략을 토대로 한 '생생한 삶의 자화상'을 담았기에 더욱 빛이 납니다.

뜨거운 심장-파워발전소, 히트곡은 자사제품 CM송

그는 뛰어난 프로정신과 열정으로 심장이 뜨거운 분입니다. 나는 친구로서, 경영학도로서 오랜 세월 그와 함께 하는 동안 그의 인간적 면모와 함께 경영방식과 성과를 계량화(計量化)하여 성공적인 경영사례의 자료로 삼아 왔습니다. 그는 뜨거운 심장에 진실을 연료로 삼아 파워를 발전(發電)시켜서 조직원에게 전파하는 능력을 가진 분입니다. 오래 전 그가 동창회에서 노래 한 곡을 부르게 되었는데, 뜻밖에도 롯데제과의 CM송(롯데껌)을 불러 좌중을 감동시킨 적이 있습니다. 뿐만 아니라 세미나 참석차 지방에 가게 되었을 때, 어느 틈에 그 지역 대리점들을 돌아보고 현황과 문제점을 모두 파악함으로써 매순간 자신의 책무를 위해 열정을 불태우는 모습을 보여주기도 했습니다.

원칙과 겸손, 청렴의 사표

그는 원칙을 소중하게 여깁니다. 꼼수나 방편이 통하지 않는 분입니다. 매사에 원칙보다 더 좋은 방법은 없다고 믿고 행동하며, 또 사람을 차별하지 않습니다. 직위의 고하를 막론하고 누구와도 대화하며 상대방의 인격을 존중합니다. 아무리 귀한 손님이 찾아와도 회사 구내식당에서 식사하는 것을 원칙으로 삼고 있습니다. 늘 낮은 자세로 하심(下心)을 실천하면서 공(公)과 사(私)를 엄격히 구분하고 회사 돈은 단 1원도 쓰지 않는 모범을 보인 것으로 정평이 나 있습니다.

공휴일에 운전기사를 쓰지 않는 것도 평생의 원칙으로 삼은 것 중의 하나입니다. 기사에게는 쉴 기회를 주고, 기업에는 특근수당 지급이라는 원가부담을 고려한 것으로 이해하고 있습니다. 오랜 세월 대기업의 임원으로 재직하였으나 재물은 별로 가진 게 없습니다. 그가 스스로 즐겁게 택한 길입니다. 허기는 면하되 부자가 되긴 이미 틀렸으니 청렴한 삶이 낳은 면기난부(免飢難富)한 상황입니다.

머슴을 자임하는 충직함

이 사장님은 언제나 조직의 머슴임을 자임합니다. 조직에 몸담고 있으면서 좀더 편하게 적당히 처세하는 사람들이 판치는 세상에, 대기업의 사장자리에 있으면서 그토록 기업을 위해 충직하게 일하는 것은 보기 드문 경우입니다. 평생 한 직장에서 일하며 매번 그룹 내 어려운 회사를 도맡아 문제를 척결한 덕분에 '해결사' 라는 닉네임도 갖고 있지만, 조직에 대하여 반대급부를 바라거나 보상심리를 가진 걸 단 한 번도 보지 못했습니다. 1968년 6월 12일 입사한 그는 그때부터 지금까지 매월 받은 월급봉투를 모두 간직하면서 몸담고 있는 기업에 감사하는 마음으로 기업발전에 공헌하고자 지난 40년 세월을 하루하루 불태워 왔습니다.

그는 경제활동의 영웅

'조지 길더'가 말한 대로 그는 '경제활동의 영웅'입니다. 일반인들이 지위가 높고 강력한 자들과의 접촉을 통해야 성공할 수 있다고 믿는 반면, 그는 일찍이 고통이라 불리는 무형의 대학을 졸업하고 위험과 가시밭길을 헤치면서 기업에게는 성장과 발전을, 개인적으로는 자아의 성취라는 결실을 이루어 냈기 때문입니다. 맡은 일을 위해 새벽 5시에 일어나 저녁 9시까지 혼신의 노력을 쏟으면서 기업인의 성공이란 바로 땀과 노력, 희생의 결실임을 생활철학으로 삼고 실천해 온 결과입니다.

진정한 성공이란 무엇일까

진정한 성공이란 도대체 무엇일까요? 부(富)나 명예, 지위를 얻는 것일까요? 이런 기준은 이 사장님에게는 전혀 어울리지 않습니다. 스스로 밝히듯이 경영자로서 뼈를 깎는 고통을 감수하면서도 창의적 활동을 통하여 기업과 다른 사람들을 행복하게 만드는 소임을 다하는 것이 그의 '성공관'입니다. 따라서 그는 이미 자신의 꿈을 실현한 성공자임이 분명합니다. 그의 흐트러지지 않는 자세, 철저한 자기관리 모습을 보면서 나는 가요의 가사를 빌려 "그대 앞에만 서면 나는 왜 작아지는가" 하고 탄식하곤 했습니다. 나로서는 도저히 따라갈 수 없기 때문입니다.

'방하착(放下着)의 길'을 걷고자 하는 이 사장님에게

몸담고 있던 조직에서 그만 자리를 비워 달라고 해도 계속 남기를 애원하는 게 세상 풍토인데, 넘치는 능력에 더하여 조직에서조차 만류함에도 스스로 퇴직을 고집하는 그에게서 매우 신선한 충격을 받습니다. 남은 욕망과 짐을 훌훌 벗어던지고 이제는 어려운 이웃을 돌아보며 봉사와 후진 계도의 길을 걷겠다는 그의 다짐에서 이 사회의 빛과 소금의 역할을 다시 발견합니다. '서산대사'가 남긴 말대로 그는 앞으로도 눈길을 가지런히 바로 걸을 줄 확신합니다. 그 발자취를 따라 걷는 이들 또한 훗날 이 사장님처럼 훌륭한 지도자로 우뚝 설 것입니다.

이 사장님에게 아직 못다 이룬 1%의 꿈이 있다면 앞으로 걸어갈 '방하착(放下着)의 길목'에서 훌륭한 보람과 결실을 맺을 것으로 믿어 의심치 않습니다.

이 책이 세상의 빛과 소금이 될 줄 믿으며 출간을 진심으로 축하합니다.

2008년 2월
함광남 C&A Expert · 한일마케팅포럼 회장

한 거인의 초상

2002년 3월부터 2006년 2월까지 4년간 ㈜부산롯데호텔에서 이종규 사장님을 모시고 근무하면서 처음 '수도승'이란 별명을 들었을 때 잘 이해가 가지 않았다. 도대체 어떻게 사고(思考)하고 어떤 행동을 하길래 그런 별명을 갖게 되었을까 궁금하기만 했다.

하지만 그 궁금증을 해소하는 데 오랜 시간이 걸리지 않았다. 그리고 시간이 가면 갈수록 더욱 실감이 났다. 그분은 사장실을 투명한 유리방으로 만들어 누구나 들여다볼 수 있게 했다. 그건 누구 앞에서든 당당한 모습을 보여줄 수 있다는 자신감의 발로였다. 그리고 그만큼 자기자신을 철저하게 관리한다는 의미이기도 하다.

또한 절대로 졸지 않기 위해 집무실 소파를 치우고 회의용 탁자에서 결재하는 모습을 보면서 수도승의 의미를 알게 되었다. 대면 결재를 하지 않고 서류만 보면서도 그 서류 속에 나타나 있지 않은 모든 것을 읽어 낸다. 그분은 구도를 하는 구도승이기도 하다.

그분은 뛰어난 검객이다. 아무리 어려운 문제라도 핵심을 찌르는 통찰력이 있다. 그리고 일도양단(一刀兩斷)이다. 항상 날이 서 있다. 하지만 어머니 이야기만 나오면 눈시울을 붉힌다.

도무지 따라 할 재간이 없다.

죽도록 노력해도 이르지 못할 영역에 서 있는 거인(巨人)이다.

아마도 일가를 이룬 후 집필하신 책이니 그 비법이 들어 있지 않을까 한다.

이미 30년간 직장생활을 하여 구태(舊態)한 사람이지만, 이 책을 안광(眼光)이 지배(紙背)를 철(徹)하도록 정독하여 다시 한 번 그 경지에 도전해 보고 싶다.

2008년 2월
이용준 (주)부산롯데호텔 상무이사

자신을 이긴 사람

이종규 사장님이 1986년 롯데제과 영업본부장으로 근무할 때 나는 일선의 지점장으로 함께 근무한 적이 있다. 그 후 10여 년이 지난 1997년, 다시 ㈜롯데삼강에서 함께 근무하게 되었다. 작지만 아주 다부진 체구에 날카로운 눈매를 가진 그분은 무서운 사람으로 소문난 CEO다.

이종규 사장님은 미국 링컨대통령의 어록에 나오는 말을 자주 말씀하셨는데, "세상 모든 사람을 잠깐 동안 속일 수는 있어도 영원히 속일 수는 없다" 하시면서 경영에 있어서나 개인의 삶에 있어서 정직을 강조하고 실천해 온 분이다.

내가 공장장으로 있을 때 가장 생각나는 것은, 항상 제품생산은 그저 제품을 만들어 시장에 내다파는 것으로 해서는 절대 안 된다, 어머니가 자식들에게 먹일 음식을 장만하는 정성과 마음으로 제품을 만들어야 한다고 누누이 강조하셨다. 즉 식품산업은 국민의 건강과 직결되는 사업으로 청결과 완벽한 위생관리에 더하여 만드는 이의 정성과 혼이 담기지 않으면 좋은 식품이 될 수 없다는 메시지였다.

신제품 '국화빵과 아이스크림'을 생산할 때의 일이다. 떡을 아이스크림 속에 넣어야 하는데 기계로는 안 되어 사람이 직접 손으로 넣는 것으로 결정하였다. 그런데 생산을 개시한 날부터 매일 아침저녁 현장에 오셔서 위생적으로 완벽한지, 품질상 다른 문제는 없는지 확인을 했다. 공정이 어려워 포기하려던 이 제품은 지금까지도 (주)롯데삼강의 최고 인기제품으로 생산되고 있다.

내가 이종규 사장님과 근무하는 동안 그분으로부터 배운 교훈은 크게 두 가지, '정직'과 '정성이 곁들인 열정'이다.

일생을 정직하게 산다는 것이 얼마나 힘들고 어려운가는 우리 모두 잘 아는 사실이며, 정성을 쏟아붓는 열정이야말로 삶의 성공을 담보하는 것이니 두 가지 다 인간으로서 실천하기 매우 어려운 일이다.

하지만 이종규 사장님은 지금도 이러한 어려움을 실천하는 훌륭한 분으로 기억하고 있다.

2008년 2월

김문규　전 (주)롯데삼강 생산본부장, 현 (주)신영푸드 전무이사

도전과 열정이 내 인생을 바꾸었다

인간이 세상에 태어나서 한 생애를 살아가는 동안 평온한 삶을 사는 사람과 그렇지 못한 삶을 살아가는 사람이 있다.

부유한 집안에 태어나 부모님의 따뜻한 사랑을 받으며 유년기를 보내고 부모 경제력을 바탕으로 좋은 환경에서 일류대학을 졸업하고 최고의 직장에서 아쉬움 없이 행복한 삶을 살아가는 사람들이 있는가 하면, 출생과 더불어 부모로부터 버림받고 보육원을 전전하다 멀리 이국으로 입양되어 가는 이들도 있을 터이고, 일찍이 부모를 여의고 편모 편부 슬하에서 어렵게 어린 시절을 보내고 고학을 하는 사람도 많다.

나 역시 네 살 때 아버지를 여의고 홀어머니 밑에서 고학으로 어렵게 마산상업고등학교를 졸업했다. 그리고 군복무를 마치고 사회에 뛰어들어 롯데그룹에서 40년간 직장생활을 해 왔다.

보통사람들이 말하는 '출세했다' 는 전문경영인의 자리까지 올라 지금은 (주)롯데햄 사장으로 남들이 부러워하는 최고의 자리에서 사회로부터 인정도 받고 명예도 얻었다.

하지만 나는 '성공한 사람'으로 평가받기를 주저한다. 다만 '인생을 성실하고 근면하게 살아온 사람'으로 인정받기를 원한다. 그것은 내가 지금까지 월급쟁이로 살아오면서 '성공'이라는 단어에 얽매이지 않았고, 직장에서 나에게 부여된 역할에 정직하게 최선을 다했으며, 그 누구에게도 부끄럽지 않은 삶을 살려고 노력해 왔기 때문이다. 또한 어떤 사람 앞에서든 떳떳하고 당당하기 위해 굴욕적인 삶을 살지 않겠다는 자부심으로 나를 지켜왔다.

그렇기에 특별히 남에게 내세울 만한 자랑거리도 없으며, 자랑하고 싶은 생각도 없다. 단지 월급쟁이 40년 생활을 마감하면서 내 삶의 궤적이 앞으로 직장생활을 하는 후배들에게 작은 도움이라도 되었으면 하는 바람과, 나와 같이 불우한 환경에서 체계적인 학교 교육을 받지 못한 청소년들에게 꿈을 잃지 말라는 염원으로 글을 쓰게 된 것이다.

나는 대학교를 다니지 못한 학력 콤플렉스의 멍에를 일생 동안 무거운 짐으로 지고 직장생활을 해 오면서 그 부족함을 메우기 위해 더 노력했고, 정직과 성실성에 있어 그 누구에게도 뒤지지 않을 만큼 열정적으로 일했다.

일찍이 도산 선생께서 "훈련은 천재를 만들고 신념은 기적을 이룬다"라고 설파하셨듯이 나의 직장생활 40년은 훈련의 연속이었고, 아무리 힘든 난관에 봉착하더라도 반드시 이루어 낼 수 있다는 확고한 신념으로 일해 왔기에 어려운 보직에서만 20년 넘게 근무할 수 있었다.

지금은 도로 사정이 좋아서 가능한 일이지만, 1988년 강원도 홍천에 있는 롯데제과 홍천영업소 현장의 생생한 목소리를 듣기 위해 새벽 5시에 일어나 왕복 2차선의 좁은 도로를 직접 운전해서 8시 30분에 시작하는 아침 조회를 하고 다시 서울 양평동 사무실로 출근하곤 했다.

내가 자랄 때의 농경사회와 산업사회로 탈바꿈한 지금은 모든 사람들의 삶이 비교할 수 없을 만큼 풍요로워졌다고 할 수 있겠으나, 아직도 우리 주위에는 불우한 환경 속에서 고통을 겪고 있는 젊은이들이 많다. 또한 직장에서 자신의 정체성도 모르고 꿈을 잊어버린 채 목표의식 없이 하루하루를 보내는 젊은이들도 많다.

그래서 나는 맨주먹으로 서울에 올라와 첫 월급 13,400원으로 시작해서 대재벌회사 사장까지 승진하여, 부자는 아니지만 남에게 돈 빌리지 않고 은퇴 이후의 생활까지 준비해 둔 나의 이야기를 그들에게 들려 줌으로써 희망의 불씨를 키우고 용기를 북돋아 주고 싶다.

진흙 속에서 아름다운 연꽃이 피어나듯 주위 환경에 함몰되지 않고 자신에게 주어진 일을 신념을 가지고 성실하게 열정적으로 해나가며, 자신의 행동을 엄격하게 통제하고 관리하는 삶을 살아갈 때 '행복' 이라는 아름다운 열매를 얻을 수 있다. 나는 이 메시지를 전달하기 위해 이 책을 발간하게 되었다.

끝으로 이 책에 과분한 추천의 글을 써 주신 롯데우유 신준호 회장님, 나의 신실한 친구 함광남 회장님, 그리고 (주)부산롯데호텔 이용준 상무이사, (주)롯데삼강 생산본부장을 역임한 (주)신영푸드 김문규 전무이사께 깊이 감사드린다. 그리고 이 책이 세상의 빛을 보기까지 온갖 어려움을 마다하지 않고 애써 준 이지출판 서용순 대표에게도 고맙다는 인사를 드린다.

2008년 2월

이종규

01. 나만의 멘토를 만들어라

08. 일을 통해 기회를 만들어라

09. 인생교과서를 읽고 배워라

10. 경영은 솔선수범에서 출발하라

나만의 멘토를 만들어라

Have your own mentor

산을 내려가며
새로운 등산 계획을 세운다

롯데제과에 입사해서 지금의 (주)롯데햄 대표이사가 되기까지 롯데그룹에 몸담은 지 어느덧 40년이란 세월이 흘렀다. 어떻게 생각해 보면 긴 시간이지만, 사회에 첫발을 내디디며 마음을 다잡던 것이 엊그제 같으니 한편 짧다는 생각이 들기도 한다.

요즘같이 평생직장이란 개념이 무너져 버린 시대에 한 직장에서 40년을 근무해 온 것은 큰 기쁨이요 보람이 아닐 수 없다. 이것은 회사에서 나의 노력과 능력을 인정받았다는 뜻이기도 하고, 사회적으로도 성공을 이루었다는 표시이기 때문이다.

인생은 마치 등산과 같다. 어린 시절 부모님 품에서 자라 직장생활을 하고 배우자를 만나고 자녀를 낳아 기르며 인생의 정상을 향해 올랐는데, 이제 나는 그 삶을 돌아보며 산을 내려가는 시점에 이르렀다.

하지만 살아오면서 그 동안 나는 많은 삶의 동지들을 얻었
다. 그들은 나와 친구가 되기도 하고 스승이 되기도 했으며,
나의 등산 가이드가 되어 주기도 했다. 이제 산을 내려가는 마
당에 정상에 오르기까지 나를 믿고 지지해 주고 이끌어 준 모
든 이들에게 감사하지 않을 수 없다.

나는 마산상업고등학교 졸업이 학력의 전부다. 그러나 롯데
그룹이라는 직장에서 동료들이나 상사, 부하들로부터 많은 도
움을 받았다. 그들과 함께 기쁨을 나누고 슬픔을 나누었다.
이제 회사를 떠나게 되면 나에게 많은 도움을 준 모든 사람
들에게 보답하는 의미에서 작은 규모라도 장학재단을 설립하
려는 꿈과 도전을 가지고 있다. 이것은 나의 새로운 등산 계획
이다.
배우려는 의지와 열정은 있으나 환경이 열악해서 학업을 계
속하지 못하는 이 땅의 젊은이들에게 뭔가 도움이 되고 싶다.
무엇보다도 나는 어려운 환경을 딛고 삶을 개척해 나가는 젊
은이들의 고충을 잘 알고 있다. 내가 바로 그들과 같은 삶을
살았고, 그러한 역경으로부터 좌절하지 않고 끊임없이 노력하
고 성실하게 일하여 지금의 자리에 이르렀다.
이제는 그들의 어려움을 잘 아는 내가 그 동안 사회로부터

받은 고마움에 보답해야 할 차례가 되었다. 특히 내가 앞으로 남은 인생을 교육사업에 바치려 하는 것은 교육의 중요성을 잘 알고 있기 때문이다.

어느 나라든 젊은이들이 건강하고 우수해야 한다. 그들의 어깨에 나라의 운명이 걸려 있기 때문이다. 특히 우리나라처럼 자원이 부족한 나라에서는 이러한 젊은이들을 교육시키고 향상시켜야만 한다. 인적자원이 풍부해야 선진국이 될 수 있는 것이다. 이러한 뜻으로 나는 젊은이들에게 도움이 되는 장학재단을 만들 계획을 가지고 있으며, 이제 새로운 산을 향하여 등산화 끈을 조이고 있다.

자신 있을 때 도장 찍어라

롯데그룹에 근무하면서 나는 롯데의 기둥 역할을 하셨던 유창순 회장님에게 많은 조언을 받았다. 1969년 1월 세배를 갔을 때의 일이다. 그 자리에서 회장님은 "아침저녁 발을 깨끗이 씻어라" 하고 말씀하셨다.

모든 사람들이 얼굴은 아침저녁 하루도 빠짐없이 닦고 바르고 치장을 하지만 발은 잘 씻지 않는다는 것이다. 발에 대한 고마움을 모르는 사람들에 대하여 나에게 조용히 말씀해 주신 것이다.

이 말씀은 육체적으로도 건강을 유지하며 하루하루 성실하게 살아가라는 뜻과 보이지 않는 음지에서 묵묵히 자신의 의무를 충실히 다하라는 말씀이었다. 발은 항상 어둡고 땀에 찌든 구두 속에서 누가 알아주든 말든 불평불만 없이 자기 역할을 묵묵히 수행함으로써 자신을 나타내는 얼굴이 가고자 하는 목적지에 안내한다는 뜻이었다. 이것은 곧 인생을 살아가면서 한 점 부끄러움 없는 삶을 살아가라는 가르침이라 생각된다.

또 한 번은 결산서류를 가지고 결재를 받으러 유창순 회장님실에 들어간 적이 있다. 그랬더니 차변과 대변을 짚으면서 1원이 틀렸다고 지적하셨다. 가지고 와서 계산해 보니 역시 틀렸던 것이다. 그때 회장님은 책임자는 도장을 찍었으면 도장 찍은 것에 대해 책임을 져야 한다, 뿐만 아니라 도장을 찍을 때는 확실하게 확인하고 자신 있을 때 도장을 찍는 것이라고 말씀하셨다.

지금도 결재할 때 숫자를 확실하게 짚고 넘어가는 것이 나의 결재 철칙이다. 그 일을 계기로 나는 사실확인주의자가 되었으며 영업, 생산, 관리 현장을 직접 챙겨 확실하게 짚고 넘어간다. 유 회장님의 교훈이 오늘의 나를 있게 했던 것이다. 정말로 존경스럽고 고마운 분이라 늘 마음속에 새겨두고 있다.

롯데그룹 계열사 사장은 2개월에 한 번 신격호 그룹회장님에게 업무보고를 해야 한다. 2개월마다 보고를 하는 이유는 한 달은 한국에, 또 한 달은 일본에 계시기 때문이다.

신격호 회장님은 이 자리에서 인력도 몇 명, 임금, 1인당 생산성, 비목별 금액, 용도, 효과, 차입금, 이자, 그리고 경쟁사와의 관계도 매출액, 점유율 등 빈틈없이 질문을 하신다. 이렇게 2개월마다 보고를 하다 보니 2개월간 한 일에 대한 스스로의 평가와 대책이 저절로 수립된다.

문제점에 대해서는 반드시 대책을 제시하여야 하므로 착실한 경영수업을 받게 된다. 보고 자료를 정리하자면 보통 바쁜 것이 아니다. 대충 넘어가는 것이 없으니 2개월마다 철저히 감사를 받는 셈이다.

적게는 두 시간, 많게는 서너 시간이 걸린다. 주고받는 질문과 대답 가운데 진땀이 나도록 소수점 두 자리까지 따져 물으신다. 신격호 회장님 말씀이 총론은 사회 여론과 고객의 입에서 나오지만 각론과 추진력은 사장의 몫이라 한다. 50여 년의 경력과 경험으로 하나하나 짚어 지적할 때는 참으로 감탄할 때가 한두 번이 아니다.

바로 경영은 생각의 수 싸움이다. 2개월마다 경영 결과를 브리핑할 때도 매일반이다. 할 때마다 몇 수 배워 오기 때문에 힘든 브리핑 준비를 즐겁게 할 수 있는 동기가 된다.

그래서 회장님께 브리핑할 때마다 기대를 갖는다. 어쩌다 문제가 풀리지 않으면 급박하지 않은 사항은 브리핑할 때까지 미뤄 두었다가 회장님의 고견을 들어 문제를 해결할 때도 있었다.

이처럼 롯데맨으로서 나는 훌륭하고 존경하는 멘토가 있었기에 오늘날 이 자리까지 오를 수 있었던 것이다.

내 인생의 조언자 어머니

나는 경상남도 창녕군 도천면에서 태어났다. 일찍 아버지를 여의고 위로 형님 세 분과 누님 그리고 밑으로 누이동생 하나, 이렇게 6남매가 어머니의 품에서 자랐다. 내가 네 살, 누이동생이 돌도 되기 전에 아버지가 돌아가셨기 때문에 나와 누이동생은 아버지의 얼굴을 기억하지 못한다. 집안 형편도 농사를 지어 겨우 끼니를 이을 정도였다.

어머니를 생각할 때마다 눈시울이 붉어진다.

일 년 365일 중 쌀밥을 먹을 수 있는 날은 얼마 안 되었고 보리밥과 감자, 고구마가 주식이었다. 이런 어려운 상황에서 어머니는 6남매를 지극 정성으로 키우셨다.

매일 새벽 첫닭이 울면 어머니는 하얀 대접에 정화수(井華水)를 담아 장독 위에 올려놓고 천지신명께 빌고 또 빌었다. 어린 것들 건강하게 잘 살게 해 달라고 절규에 가까운 기도를 드리시던 모습을 나는 잊을 수가 없다.

어머니의 삶은 한 마디로 정성과 근면 그리고 자기희생의 연속이었다. 자식들을 위해 온갖 수고를 마다하지 않으셨고, 아침부터 저녁까지 들에서 일을 하고 돌아오시면 또 집안 일을 억척스럽게 해내셨다. 오직 우리 6남매가 당신 존재의 목적이요 삶의 전부였다. 이렇게 힘든 삶을 사시면서도 누구도 원망하지 않으시고 묵묵히 당신의 길을 걸으셨던 어머니. 그 어머니의 꿈은 오로지 자식들의 성공이었다.

내가 초등학교를 졸업하자 어머니는 중학교에 가지 말고 같이 농사를 짓자고 말씀하셨다. 그런데 어느 날 어머니와 함께 못자리를 만들고 있는데 지나가던 스님 한 분이 어머니에게 다가와 나의 나이와 생일, 생시 등을 묻더니 장래 틀림없이 성공할 아이라고 말씀하시는 것이었다.

나는 이 말씀에 힘입어 어머니에게 중학교에 가게 해 달라고 말씀드렸다. 최소한 영어 알파벳이라도 알아야 농약을 구분하여 사용할 수 있을 거라며 어머니를 설득했던 것이다. 그렇게 어렵사리 중학교를 졸업하고, 고등학교는 고학으로 아르바이트를 해 가며 다녔다.

그런데 졸업을 앞두고 사랑하는 나의 어머니가 우리 곁을 떠나셨다. 그때의 황망함과 참담함을 어찌 말로 다 표현할 수 있으랴. 내 인생의 최대 고비였음은 말할 것도 없다. 나는 지금도 어린 시절 그분이 가르쳐 주신 교훈을 잊지 않고 생생하게 기억하고 있다.

진정한 친구를 사귀어라

어린 시절 늘 붙어다니던 한 친구가 있었다. 바로 옆집에 사는 아이였다.

한 번은 그 친구 집에서 놀다가 늦어져 자고 온 적이 있는데, 그때 여자아이들 이야기를 나누게 되었다. 그 친구는 동네에서 누가 제일 마음에 드느냐고 물었다. 남자들이 다 그렇듯이 나는 제일 예쁜 아이를 꼽으며 그 애가 가장 마음에 든다고 했다. 그러자 그 친구는, 그럼 이 세상에서 누가 제일 좋은지 물었다. 나는 엄마가 제일 좋다고 대답했다. 그때 내 친구는 이 세상에서 제일 좋은 사람은 엄마이고, 그 다음은 바로 나라고 말했다.

그리고 나에게 그 여자아이 이야기를 들려 주었다. 한 번은 그 아이가 자기에게 부탁을 하더라는 것이다. 그래서 나의 친구는 부탁을 들어 주는 대신 한 가지 조건을 내세웠다고 한다. 그건 나와 친하게 지내게 해 달라는 것이었다.

그 덕분에 나는 좋아하는 여자아이와 가까이 지내게 되었지만, 당시 나는 친구에 대한 이해가 부족했다. 그런데도 그 친구는 나를 지원해 주고 협력해 주었다.

또 한 번은 이런 일이 있었다. 중학교에 입학할 무렵이었는데, 어머니가 중학교를 보내 주시지 않고 계속 농사일을 거들라는 것이었다. 나에게는 큰 시련이었다. 어머니가 마당에 나와 일하라고 하시면 나는 방안에 틀어박혀 있었다.

이러한 사정은 옆집 친구도 똑같았다. 그 역시 가정형편이 어려워 진학을 하지 못했다. 둘이 논두렁을 거닐다가 학교를 마치고 집으로 가는 아이들을 보면 괜히 심술이 났다. 그러면서 그들을 골려주고 싶은 마음이 목구멍까지 치솟았다. 우리 둘은 그렇게 서로 처지가 비슷했기에 속마음을 내보일 수 있었다.

그 후 시간이 많이 흘러 어떤 친구가 가장 좋은지 생각해 본 적이 있다. 잘 사는 친구, 인기가 많은 친구, 잘생긴 친구, 공부 잘하는 친구, 나보다 못한 친구 등 여러 친구를 사귀게 되었지만, 나에게 가장 좋은 친구는 역시 처지가 비슷하고 서로 이해해 주는 친구였다.

사회에서 사귄 친구 중에는 나보다 월급을 많이 받는 사람도 있고 소위 잘 나가는 사람도 있었다. 그러나 나에게 가장 도움이 되는 친구는 돈이 많거나 학벌이 좋은 사람이 아니라 나와 같이 웃고 울며 부대낀 친구다.

우리는 살아가면서 세 번의 큰 만남을 갖게 된다. 첫 번째는 부모님과의 만남이다. 이것은 피할 수 없는 숙명적인 만남이다. 두 번째는 배우자와의 만남이다. 이 경우도 거의 운명적인 만남이다. 세 번째는 자녀와의 만남이다. 어떤 자녀를 두느냐에 따라 노년을 편하게 보내느냐 아니면 어렵게 보내느냐 차이가 난다.

여기에 또 하나의 만남이 있다고 생각한다. 그것은 바로 친구와의 만남이다. 서양 속담에 친구를 보면 그 사람을 알 수 있다고 했다. 이처럼 친구는 인생에서 자양분과 같은 역할을 하며 보람 있게 살게 해 주는 원동력이 되는 것이다.

친구는 서로 형편을 잘 알고 이해해 주는 친구가 가장 좋다. 이런 친구는 항상 변함이 없다. 기쁨도 슬픔도 함께 나눌 수 있는 친구가 진정한 벗이다.

선택의 순간은 계속된다

우리는 언제나 선택과 판단의 갈림길에 서 있다. 어떤 선택을 하느냐에 따라 성공하기도 하고 실패를 거듭하기도 한다.

이러한 선택과 판단은 경영자는 물론이고 운동선수, 예술인 그리고 가정주부, 유치원에 다니는 어린아이들에게도 중요한 문제다. 왜냐하면 이러한 판단에 따라 경영자에게는 기업의 운명이 걸려 있고, 운동선수에게는 승부의 세계가 갈리기 때문이다. 그리고 예술인은 대중의 인정을 받느냐 그들의 머릿속에서 잊혀지느냐가 달려 있다.

특히 가정주부의 판단은 가정을 행복하게 이끌기도 하면서 사랑의 공간으로 만들기도 하기에 매우 중요하다. 이처럼 선택과 판단은 누구에게나 있는 중요한 갈림길이 된다.

내가 처음 집을 장만할 때 단독주택과 아파트를 놓고 고민한 적이 있다. 그때는 아파트가 흔치 않았고 단독주택을 선호하던 시기였다. 그런데 나는 아파트를 샀다. 그 이유는 장래 투자가치와 아이들의 선택을 존중했기 때문이다. 그 결과 가정경제에 큰 도움을 받았다.

이러한 선택의 순간은 계속된다. 한 번은 판단을 잘못하여 후회한 경험이 있다. 동료와 탁구 시합을 하게 되었는데, 실력이 비슷하여 우열을 가리기 힘든 긴장된 상황이 이어졌다. 결국 동점이 되어 세 차례나 연장전을 벌였다. 그러다가 내가 일점차로 앞서게 되었다. 이제 일점만 더 얻으면 내가 이기는 것이었다. 나는 찬스라고 생각하고 과감히 상대방의 볼을 스매싱하였다. 그런데 네트에 걸리고 말았다. 결국 승부는 다시 원점으로 돌아왔고, 상대방은 이것을 기회로 삼아 나를 제압해버렸다.

승부에 대한 집착이 그 순간 나를 지배하여 화근이 된 것이다. 상대방은 직장 동료로 나와는 라이벌 관계였다. 탁구는 별로 중요한 경기는 아니었지만 서로 자존심이 걸려 있었다. 시합에서 지자 얼굴이 달아올랐다. 상대방은 즐거워하며 나에게 게임비를 계산하라면서 먼저 나갔다. 따지고 보면 단순한 친선경기였는데 보이지 않는 라이벌 의식 때문에 서로 자존심

싸움이 벌어진 것이다.

그 후 나는 탁구장에 가는 것을 싫어했다. 탁구장에만 가면 그 실수가 생각나서 기분이 안 좋았다. 이처럼 취미에 있어서도 판단과 선택은 중요한 갈림길이 된다. 나중에 탁구장 주인으로부터 탁구 기술을 배울 기회가 있었다. 그는 나의 단점을 지적하며 여러 기술을 전수해 주었다. 그의 조언대로 하니 탁구 실력이 급성장했다.

우리 주위에는 이렇게 조언해 주는 사람들이 많다. 그것을 어떻게 받아들이느냐는 본인의 선택이지만, 다른 사람의 조언을 슬기롭게 받아들일 줄 알아야 한다.

나만의 멘토를 만들어라

요즘에 멘토라는 말을 자주 쓴다. 멘토란 후견인이나 상담자 또는 대리인을 말한다. 복잡한 사회생활에서 발생하는 다양한 문제를 풀어나갈 때 이 멘토가 크게 도움이 된다. 이제 멘토는 특별히 누구에게만 필요한 것이 아니라 모든 사람들에게 필요하다.

어린 시절 나의 멘토는 바로 어머니였다. 어머니는 나의 영원한 후견인이요 훌륭한 상담가였다. 가정에서의 멘토는 나의 반려자인 아내다. 아내는 나의 사소한 고민도 들어 주고 조언해 주는 충실한 멘토 역할을 해 오고 있다.

한 번은 회사에서 가든파티를 연 적이 있었다. 나에게는 생소한 파티여서 어떤 옷을 입고 가야 할지, 그리고 음식과 와인을 어떻게 먹어야 할지 걱정이 되었다. 그래서 아내에게 고민을 털어놓았다. 그랬더니 아내는 나를 백화점에 데리고 가서 연미복을 사 주고 와인 먹는 방법과 다과를 먹으면서 취할 태도 등을 자세히 알려 주었다. 그때 나는 처음 나비넥타이를 매게 되었는데 가든파티에 참석한 사람들이 모두 놀라워했다. 그리고 분위기에 맞춰 이야기를 잘 이끌어 나가 사람들의 이목을 집중시켰다. 그날 유명인사가 되었음은 물론이다.

처음에는 이 멘토를 찾기가 쉽지 않다. 그러나 평소 자신에 대해 관심을 갖고 지켜봐 주는 사람을 찾아내야 한다. 이런 사람이 나의 멘토가 되는 것이다. 여기서 한 가지 잊지 말아야 할 것은 멘토에 대한 감사의 마음이다. 멘토는 직장 상사나 친척, 그리고 친구 또는 스승이 될 수도 있다. 이들에 대한 고마움을 표현하는 것이 중요하다.

어느 영화를 보면 제자가 스승에게 무술을 배운다. 스승은 기술을 쉽게 가르쳐 주지 않고 밥을 지으라거나 나무를 해 오라면서 잔심부름부터 시킨다. 그러다 어느 순간에 무술을 배울 때가 되었다며 모든 기술을 전수해 준다.

여기서 스승과 제자의 관계가 바로 멘토 관계다. 스승은 제자를 위해 자신의 모든 것을 가르쳐 주며, 제자는 무술에 관한 고민이나 문제를 해결하였다. 스승이 문제 해결자가 되어 준 것이다.

이 영화처럼 누구에게나 훌륭한 멘토가 필요하다. 누구를 멘토로 삼느냐는 자신의 역량과 슬기로움에 달려 있다. 사람은 여러 모로 불완전하다. 완벽하다는 사람도 어느 부분에서만 완벽할 뿐이지 모든 면에서 완벽할 수는 없는 것이 우리 인생이다. 그래서 자신의 부족한 부분을 채워 줄 멘토가 필요한 것이다. 자신보다 훌륭하고 존경할 만한 멘토를 만드는 것은 이제 선택이 아니라 필수다.

02

다양한 경험을 쌓아라

Build diverse experiences

고등학교에서 배운 현장학습

사람들은 나에게 질문하곤 한다. 고졸 학력으로 어떻게 대기업 사장이 되었는지 궁금하다는 것이다. 나는 이 질문에 정직과 성실이 기본이 되었다고 말한다.

그러나 한 가지 주의할 것이 있다. '정직'과 '성실'은 말로만 해서는 안 된다. 직접 행동으로 보여 줄 수 있어야 한다. 내가 이런 기본자세를 갖게 된 것은 어린 시절 어머니의 가르침을 받았기 때문이며, 고등학교 때 여러 경험을 통해 깨달았다. 쉽게 배우는 것은 별로 도움이 되지 않는다. 직접 뼈저리게 느끼고 각성해야만 자기 자산이 되는 것이다.

이 두 가지 외에 내가 대기업 사장으로 성공할 수 있었던 것은 윈-윈(win-win)하는 인간관계를 터득한 때문이다.

고등학교 시절부터 나는 어느 한 사람만 만족하는 관계는 옳지 않다고 생각했다. 그리고 나를 아는 사람에게 손해를 끼쳐서는 안 된다고 생각했다. 이때부터 주위 사람들에게 뭔가 도움을 주려고 노력하면서 살아왔다.

고등학교 때 나는 선생님의 권유로 주산부에 들어가 관리를 담당하였다. 주산부를 관리하면 동창회 장학금으로 수업료를 면제받고 약간의 부수입도 생겼다. 그래서 나에게 혜택을 준 마산상고를 장차 빛내야겠다고 생각했으며, 그것이 학교의 배려에 보답하는 길임을 일찌감치 깨달았다.

주산부 관리는 말이 좋아서 관리지 실제로 주산부실을 청소하고 선생님의 지시를 이행하며 주산부원들의 요구를 들어 주는 것이었다. 금전적인 혜택도 좋았지만 주산부원들과 친해질 수 있어 더 좋았다. 나는 그들의 실력이 향상되도록 필요한 것들을 알아서 챙겨다 놓았으며, 항상 깨끗한 분위기를 만들기 위해 애썼다. 더욱이 주산부원들이 공부하다 어려운 점이 있으면 나는 선생님에게 미리 배워 와서 가르쳐 주곤 했다.

그리고 마산상고에서는 학생들에게 은행 실무를 익히고 저축을 관리하기 위해 교내 은행을 설립하였다. 이때 나는 학생 직원으로 선발되어 매달 결산을 하여 저축한 학생들에게 이자를 배당해 주고 이익금 중 일부를 관리하는 학생 직원에게 나누어 주었다.

2학년 때부터 졸업할 때까지 교내 은행을 관리하면서 실무도 익히고, 여기서 받은 돈으로 학비를 충당할 수 있었다. 그러는

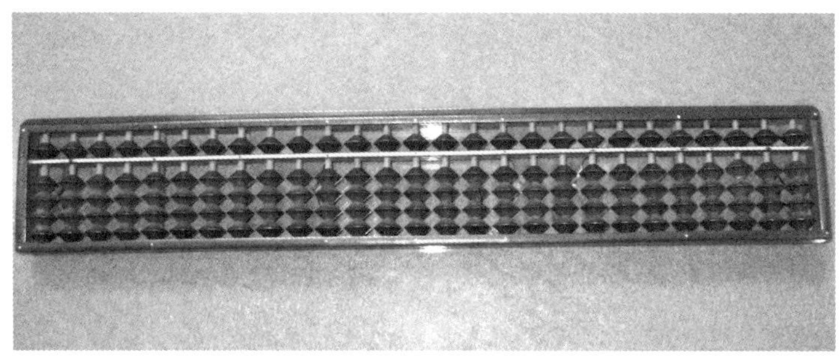

고등학교 때 선생님의 권유로 주산부에 들어갔다.

동안 한 가지 깨달은 것이 있다. 단순히 나의 이익만을 생각해서는 안 된다는 것이었다. 그래서 저축한 학생들에게 1원이라도 손해가 가지 않도록 최선을 다했다. 혹시 계산이 틀리면 그냥 넘어가지 않고 집에까지 가지고 와서 계산을 맞춰 보았다.

덕분에 나는 장부 정리하는 법을 배우게 되었고, 회계장부를 파악하는 데 익숙해졌다. 이것은 내 인생에 소중한 경험이 되었다. 그 후 나는 자신의 이익만을 생각하지 않고, 나에게 이익을 준 데 대한 보답으로 성실하게 열심히 그리고 상대방에게 조금이라도 손해가 가지 않도록 최선을 다해 일해 왔다.

나는 여기서 대기업 사장으로 성공할 수 있었던 비결을 깨달았다. 그것은 상대방의 신뢰를 얻는 것이다. 나는 직장에서 동료들이나 상사 그리고 부하로부터 신뢰를 받기 위해 부단히 노력했다. 그래서 나에게 일을 맡기면 깔끔하게 마무리한다는 평을 얻게 되었다. 이것은 마산상고 시절 아르바이트를 하며 직접 체험한 노하우이며, 뒷날 내가 사장으로 승진할 수 있게 된 가장 큰 요소 중의 하나였다.

농사를 지으며 단련된 체력

가끔 이런 생각을 해 본다. '인생에서 가장 중요한 것은 무엇일까?'

첫 번째는 가정과 사회다. 가정은 나를 있게 한 근본이기에 가장 소중하며, 사회는 가정을 이끌어 나가고 또 다른 사람을 도울 수 있으며 자아실현을 할 수 있는 소중한 터전이기에 역시 소중하다.

여기에 하나 더 추가한다면 가정을 화목하게 이끌어 나가고 사회생활을 성공적으로 할 수 있게 만드는 '건강'이다.

나는 중학교 때까지 어머니 밑에서 농사일을 했다. 농사일에서 으뜸은 부지런한 것이다. 어머니는 나에게 한 번도 말씀하지 않으셨지만 몸소 부지런함을 보이며 나를 일깨워 주셨다.

서양 속담에 "일찍 일어나는 새가 모이를 잡는다"고 했다. 사람도 마찬가지다. 부지런해야 굶지 않고 가정을 꾸려 나갈 수 있다. 나는 이 부지런함을 어린 시절 농사일을 통해서 배웠다.

그리고 농사를 지으며 체력을 키웠다. 고등학교 때 3, 4일 밤을 새워도 거뜬히 일어나 운동을 했다. 이것이 밑거름이 되어 살아오면서 큰 병치레 하지 않고 잘 지내왔다. 특히 사회생활에서는 체력이 매우 중요하다. 실력이 비슷하다면 경쟁에서 이길 수 있는 것은 바로 건강이다.

지금 생각해 보면 어머니가 나에게 농사일을 가르치신 이유가 있었다. 어머니는 4남 2녀 가운데 남자 중 막내인 나를 무척 귀애하셨다. 하지만 위로 세 형님은 모두 도시에 나가 직장에 다니고 있었고, 어머니는 농사일을 거들어 줄 사람이 필요했기에 상급학교 진학을 반대하셨던 것이다.

하지만 나는 농사짓는 것이 내키지 않았다. 무엇보다 중학교에 다니는 친구들이 부러워서 속앓이를 할 정도였다. 나는 중학교라도 나와야 농사짓는 데 필요한 기초지식을 알 거 아니냐며 어머니를 설득했다. 고등학교도 어머니 모르게 시험에 응시했고 합격통지서를 받고서야 어머니를 설득하여 겨우 진학하게 되었다.

나는 롯데제과에 입사하여 직원으로서 최고라 할 수 있는 사장 자리에 올랐다. 주위에서는 나를 입지전적인 인물이라 한다. 이 자리에 오르기까지 몹시 어려웠던 지난날들을 돌아보면서, 그때 중학교를 다니지 않았거나 중학교만 마치고 어머니와 시골에서 농사를 지었다면 나의 인생은 어떻게 되었을까 생각해 보곤 한다.

그런데 요즘 와서는 어머니가 같이 농사짓자고 하신 말씀이 자꾸 되새겨진다. 내가 평생 농사를 지으며 살아왔다면 지금처럼 성공이나 행복을 얻을 수 있었을까? 만일 그랬다 해도 나는 주어진 환경에서 최선을 다했을 것이다. 그리고 이농치국(以農治國)이라는 원대한 꿈과 비전을 갖고 있었을지도 모른다.

그러나 나는 한 기업을 이끌어 나가고 수많은 직원들을 책임져야 하는 수장이다. 어린 시절 어머니가 하신 말씀, 즉 어머니의 마음을 이제는 어느 정도 알 것 같다.

군대에서 배운 대인관계술

마산상고를 졸업하고 그 해 군대에 입대했다. 나는 야전 공병단에 배치되었으며 보직은 부대 본부 회계처리와 병력을 담당하는 행정병이었다. 이등병 계급장을 달고 자대에 배치되어 가 보니 모두 상급자뿐이었다.

그때 가장 힘들고 어려운 일은 내무반 생활이었다. 행정병 일과를 마치고 내무반에 들어오면 고참 병장들이 심부름을 시 켜댔다. 특히 어려운 것은 고참들의 이름과 얼굴을 익히고 입 대 날짜, 고향 등 신상명세를 알아야 하는 것이었다.

그리고 아무리 일을 완벽하게 처리해도 고참들은 트집을 잡 아 몰아세웠다. 그래서 내가 생각해 낸 대책은 고참들의 기분 을 맞춰 주는 것이었다. '십인십색(十人十色)'이라는 말처럼 사 람마다 성격과 취향이 가지가지였다. 모두 상급자인 이들을 상대한다는 것은 여간 힘든 일이 아니었다.

흔히들 "군대는 사회의 축소판"이라 한다. 나는 군대에서 고참들을 상대하며 대인관계술을 배우게 되었다. 그것은 다름 아닌 다른 사람의 기분을 좋게 해 주는 것이었다. 누구나 자기 를 칭찬해 주면 좋아한다. 고참들의 기분을 상하지 않게, 아니 기분이 좋아지게 말을 해야 한다. 그리고 앞으로 나서지도 말 고 뒤로 처져서도 안 된다.

부하를 다루는 방법도 능숙해졌다. 즉 채찍과 당근을 효과 적으로 배분하는 것이다. 나중에는 하급자들이 알아서 일을 잘 했다. 그런데 뭣 때문에 하급자들에게 기합을 주고 원성을 사겠는가. 이것은 나중에 부하직원을 다룰 때 나에게 소중한 경험이 되었다.

군대에서는 "안 되면 되게 하라"고 한다. 그러나 나는 안 되는 것은 안 된다고 한다. "할 수 있는 일을 하자"는 것이 나의 지론이다. 고참들에게서만 대인관계를 배운 것이 아니라 하급자와의 관계에서도 많은 것을 배우게 되었다. 힘들고 때로는 자존심이 상했던 하급자 시절이 지나가고 상급자가 되어 부하들을 통솔하는 위치에 오르게 된 것이다.

군생활을 하면서 나는 어느 정도 사람의 심리를 파악할 수 있게 되었다. 이것은 내가 사회생활을 하면서 대인관계를 어떻게 할 것인가를 가르쳐 주는 중요한 교훈을 주었다. 특히 롯데제과 영업기획실장을 맡으면서 나의 이런 노하우는 빛을 발하였다.

나는 제대하면서 자신감을 갖게 되었다. 그리고 어느 누구에게도 뒤지지 않을 만큼 젊음과 패기가 있었다. 군대에는 나보다 학벌 좋은 사람도 있고 똑똑한 사람, 인맥이 좋은 사람도 있었다. 나는 이 다양한 사람들을 관리해 보았다. 그래서 누구를 만나든 당당하게 입장을 표명할 수 있는 자신감이 생긴 것이다.

이것 역시 내가 롯데그룹에서 성공할 수 있는 자양분을 제공해 준 것이라 할 수 있다.

한 사람을 보내고 또 다른 사람을 얻다

마산상고 다닐 때 자취하던 집의 큰딸이 내가 서울에서 롯데제과에 다닌다는 소문을 듣고 찾아왔다. 그 시절 두 사람은 서로 마음은 있었으나 먼발치에서 바라만 보는 처지였다.

그런데 이제 그녀는 어엿한 대학생이 되고 나는 대기업에 다니게 되었으니 마음놓고 만날 수 있었다. 그녀는 수업을 마치면 나의 자취방에 와서 저녁을 해 놓기도 하고, 미뤄 놓은 빨래를 해 주는 등 무척 잘해 주었다.

어느 날 그녀의 집을 방문하게 되었다. 그녀는 나에게 어떤 질문이 오갈 것이며 답변은 이렇게 하라고 귀띔해 주었다. 그런데 그녀의 오빠가 나의 최종학력을 물어보았다. 나는 마산상업고등학교를 졸업했다고 대답했다. 순간 이 오빠는 여동생은 대학생인데 고등학교밖에 졸업하지 못한 내게 시집을 보낼 수 없다는 것이었다.

앞이 캄캄했다. 그러나 나는 대기업의 직원으로 장래가 촉망되는 대한민국의 건장한 젊은이라면서 그녀를 행복하게 해 줄 자신이 있다고 말했다. 그런데도 절대 안 된다는 것이었다. 나는 더 이상 말을 잇지 못하고 결국 그녀와 헤어지게 되었다.

그때 가난과 못 배운 한을 뼈저리게 느꼈다.

그 후 마산상고 시절 주산학원에 다니다가 만난 다른 여성을 사귀게 되었다. 그녀 역시 고등학교를 졸업하고 서울에 와서 직장생활을 하고 있었다. 그녀와는 학력도 성격도 아무 문제가 없었다. 모든 상황이 순조로웠고 우리는 결혼을 했다. 그리고 지금까지 다복한 가정을 꾸려왔다.

나는 결혼을 준비하면서 중요한 사실을 깨달았다. 재산과 외모를 갖추면 훌륭한 배우자를 얻는다고 생각하는데, 결혼이란 두 사람의 진실한 사랑이 가장 중요하다는 것이다. 또 결혼은 두 집안의 결합이므로 가족들이 환영하는 배우자를 만나야 한다. 물론 나도 여자 집안에서 학력을 문제삼아 성사가 되지 못했지만, 그 후에 만난 여성은 조건 없이 나를 사랑했고 나와 운명을 함께 하기로 했던 것이다.

총각 시절 돈도 없고 학력도 부족한 것이 오히려 장점이 되었다. 그 때문에 근검절약이 몸에 배었고, 고졸이기 때문에 남들보다 더욱더 노력하였다. 아내는 나의 타고난 부지런함과 검소한 태도를 좋아하고 나의 겸손함을 높이 평가해 주었다.

한 사람을 보내고 나는 일생을 함께 할 다른 사람을 얻었다. 즉 실패를 통해 나 자신을 더욱 채찍질하게 되었고, 내가 원하는 배우자를 얻으려면 최소한 어떤 조건을 갖추어야만 가능하다는 것도 깨달았다.

결국 나는 이러한 부족함을 채울 수 있었고 내가 원하는 사랑하는 여인과 결혼했다. 성숙한 여인들은 남자의 재물이나 외형적인 조건보다는 남자의 내적인 충실함을 따진다. 그리고 이러한 남자에게 호감을 가지고 자신을 맡기고 싶어하며 사랑을 하게 되는 것이다.

밑바닥부터 시작하는 것이 유리하다

사회에 첫발을 내디딜 때 내가 가진 것이라고는 보잘것없는 농사 경험과 주산학원 강사, 주산1급 자격증, 그리고 군대 경험이 전부였다.

그런데 주위를 둘러보니 집안도 좋고 재력도 학벌도 인맥도 갖춘 이들이 많았다. 마라톤에 비유하자면 그들은 나보다 앞서서 출발한 것이고 나는 뒤늦게 출발한 것이다. 그만큼 이들과의 경쟁에서 살아남으려면 피나는 노력을 해야만 했다.

이미 성공조건을 가지고 시작한 그들이 부러웠다. 나는 부모님도 안 계시고 낯선 서울에서 생면부지의 사람들과 지내야

했으니 그야말로 밑바닥에서부터 시작하는 것이었다. 일가친척들의 도움도 기대할 수 없었고, 회사 일이나 집안 일을 거들어 주는 사람도 없었다. 나는 맨땅에 헤딩하듯 온몸으로 부딪치지 않으면 안 되었다.

그때 나의 좌우명은 '나는 가난하다' 였다. 가난하다고 생각했기 때문에 절약할 수밖에 없었고, 최저생계비 외에는 절대로 쓰지 않았다. 맛있는 것을 먹고 싶어도 참고 버스를 타고 싶어도 걸어다녔다. 이 가난이 나에게 평생 근면 절약하는 정신을 가르쳐 주었으며, 그렇게 살아왔기에 지금도 회사에서나 가정에서나 불필요한 낭비를 하지 않고 있다.

젊은 시절에 어떻게 하면 돈을 벌 수 있을까 고민도 했다. 지금 이야기로 하자면 부동산이나 주식, 펀드에 투자하는 소위 재테크에 대한 관심이 있었다. 하지만 가난을 벗어날 수 있는 지름길은 부지런함이라는 것을 깨달았다. 이 부지런함이 나의 고민에 대한 간결하고 귀중한 대답이었으며, 나는 이 진리를 얻기 위해 힘든 날들을 겪어 왔다.

밑바닥부터 출발하면 긍정적인 효과를 얻을 수 있는 다양한 장점이 있다. 즉 '고생 끝에 낙' 이라 할까? 고생을 해 본 사람에게는 온실 속 화초처럼 시련이 닥치면 줄기가 끊어지는 것

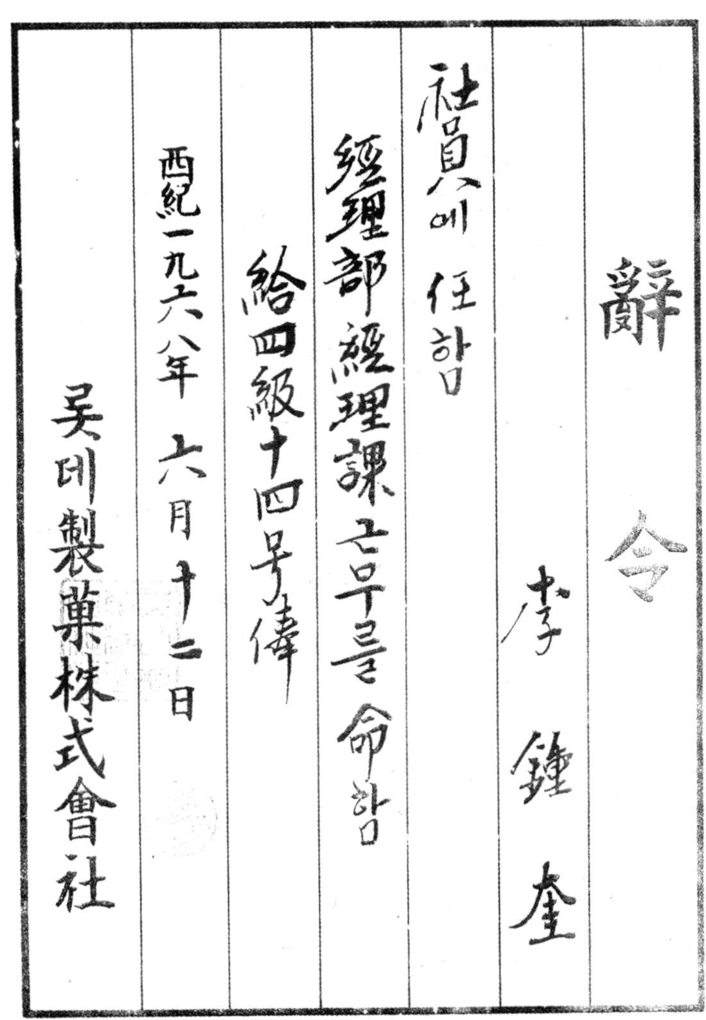

이 사령장을 받은 날부터 40년간 나는 롯데맨으로 성실하게 살아왔다.

이 아니라 어떤 시련도 이겨 낼 수 있는 자생력이 있다. 나도 그랬다. 내가 이겨 낸 모든 시련들이 나를 강하게 만들었다고 생각한다. 나는 어려움이 닥칠 때마다 좌절하지 않고 꿋꿋이 앞으로 나아갔다.

또한 기막힌 가난을 체험해 봤기에 어려운 사람들의 마음을 헤아릴 수 있다. 이 또한 무엇과도 바꿀 수 없는 귀중한 자산이 되었으며, 어느 누구도 가르쳐 줄 수 없는 자신이 직접 경험을 해 보아야 깨달을 수 있는 나만의 보물이 된 것이다.

03

이종규만큼만 일하라

회사 일을 자신의 일처럼 여겨라

오늘 할 일을 내일로 미루지 마라

샐러리맨은 마케팅 능력을 갖추어야 한다

이종규만큼만 일하라

상사와 부하직원들과 공감대를 형성하라

Work like Lee, Jong-kyu
and be like Lee, Jong-kyu

회사 일을 자신의 일처럼 여겨라

롯데제과 유니폼을 입고 13년 동안 경리부에서 잔뼈가 굵으며 차장까지는 순조롭게 승진했다. 그런데 경리부에서는 회사 재무구조에 대해서는 알 수 있지만 그 밖의 운영구조나 조직, 특히 관리 부문은 파악할 수가 없었다.

나는 임원이 되기 위해서는 회사 전반적인 운영 상황을 잘 알아야 하며 경리부에만 있다가는 롯데제과에서 크게 성장하는 데 한계가 있음을 깨달았다. 그래서 인사 담당 중역에게 말하여 마침 영업관리부로 발령을 받았다. 경리부에 근무한 지 13년 만에 새로운 기회와 도전이 찾아온 것이다.

영업관리부에서 근무한 지 며칠 안 되어 부서에 불필요한 낭비가 많다는 것을 알게 되었다. 먼저 인쇄소모품 관리였다. 거래명세표, 청구서, 정산서, 거래처 카드 등이 실제로 얼마나 사용되는지 일일이 체크했다. 직원들은 정색을 했지만 나에겐 나름의 이유가 있었다. 그때까지는 인쇄소모품을 각 영업장에서 청구하면 본사 담당직원이 거래처에 인쇄를 맡기는 방법으로 진행해 왔다. 그래서 나는 영업사원 개개인이 하루 일과에 필요한 수량만 정확하게 계산했다. 그랬더니 일 년에 비용이 절반으로 줄어 수억 원을 절약할 수 있었다.

또 다른 부분은 차량운행에 따른 비용을 절감하는 것이었다. 운행 일지를 꼼꼼하게 기록하도록 하고 출발지와 도착지 거래처의 확인을 받도록 했다. 운전기사들의 반발이 대단했지만 나의 생각을 밀고나가 일 년에 5억 원의 비용을 줄일 수 있었다. 그 결과 부서 표창을 받게 되었으며, 나는 일 년도 안 되어 부장으로 승진하였다.

내가 이처럼 일할 수 있었던 것은 평범한 샐러리맨들이 가지고 있는 마인드에서 탈피했기 때문이다. 평범한 샐러리맨들은 회사 일을 자신의 일처럼 여기지 않는다. 적당히 일하고 요령도 피우면서 제때 월급만 나오면 그것으로 만족한다. 그러나 나는 고졸 학력으로 성공하려면 이들과 같아서는 안 된다고 생각하고 또 생각하였다. 즉 롯데제과를 내 회사라 여기고 회사의 발전과 번창이 곧 나의 발전이요 번창이라 생각한 것이다.

그러자 나의 태도와 시야가 분명히 달라졌다. 회사의 발전을 위한 일이라면 업무를 집에 가져와서라도 끝까지 책임지고 해냈다. 그러다 보니 사고 범위도 확대되었고 업무파악이나 처리능력도 크게 향상되었다.

회사 일을 자기 일처럼 한다는 것은 주인의식을 가지는 것이다. 주인의식이란 첫째, 가지고 있는 것을 소중하게 생각하는 마음이다. 그렇지 않으면 매사를 부정적으로 판단하고 불만을 갖게 되며 최선을 다해 일하지 않는다.

둘째, 따뜻하고 편안한 마음을 가져야 한다. 이런 마음자세는 손님을 자기 집에 초대한 주인의 마음과 같다고 할 수 있다. 주인이 따뜻하게 대하지 않으면 손님은 불편해서 빨리 그 집에서 나가고 싶어할 것이다. 고객 역시 손님이다. 고객에게 따뜻하고 편안한 마음으로 다가서야 한다.

셋째, 모든 것을 내 것이라고 생각해야 한다. 회사 물품이나 기계를 자신의 것으로 생각하고 아끼며 보존하는 것이다. 또한 내 것이기 때문에 이것을 더욱 소중하게 만들고 발전시키려는 마음을 가지는 것이다.

넷째, 더불어 사는 공동체 의식이 있어야 한다. 쉽게 말하면 상생(相生) 정신이다. 세상은 혼자 사는 것이 아니다. 자기 이익만 챙기고 자기만 승진하려 하면 안 된다. 동료나 부하직원들과 함께 나누어 가져야 하며 다른 사람의 어려움에도 관심을 기울여야 한다.

다섯째, 자기 생각을 정확하게 표현하고 인내해야 한다. 자신의 입장만 주장하는 이기적인 마음이 아니라 상대방에게 자기 마음을 정확히 드러냄으로써 상대방이 결정하는 데 도움이 되게 해야 한다. 그리고 인내해야 한다. 상대방에게 자기 마음을 알렸으면 상대방의 호응에 대해 또는 다른 표현에 대해 감수할 줄 알아야 하는 것이다. 인내하지 못하면 서로 자기주장만 내세우다가 싸울 수도 있다. 주인정신이란 이러한 상대방에 대한 태도도 달라지게 한다.

여섯째, 내 것이므로 책임을 다해야 한다. 내 것이라는 마음만으로는 안 된다. 관심을 가지고 어떻게 진행되든 책임을 질 줄 알아야 한다.

일곱째, 자긍심과 자신감을 가져야 한다. 이러한 자긍심이나 자신감은 주인의식을 갖기 때문에 필연적으로 수반하는 보람이요 기쁨이다. 그리고 자긍심을 갖기 위해 어떻게 일해야 할 것인가가 분명해진다.

여덟째, 타인으로부터 인정받을 수 있어야 한다. 자기가 주인이라고 아무리 강조해도 다른 사람이 인정해 주지 않으면 소용이 없다. 또한 타인으로부터 인정받기 위해 노력해야 한다.

이 외에도 주인의식 속에는 서로 아끼고 사랑하고 보호하는 것도 있으며, 개발하고 발전시키며 절약하는 마음도 이러한 주인의식의 발로라 할 수 있다. 이처럼 회사 일을 자기 일처럼 여기며 동시에 회사에 대해 주인의식이 있어야만 한다. 여기서 진정한 동료애와 화합이 있을 수 있으며, 자신의 장대한 발전은 물론 이를 통해서 회사도 크게 발전하게 된다.

오늘 할 일을 내일로 미루지 마라

고향을 떠나 마산상고에 다니면서부터 나에게는 하나의 철학이 생겼다. 그것은 '오늘 일을 내일로 미루지 말자'였다. 이런 생각을 하게 된 까닭은, 나 아니면 어느 누구도 내 일을 대신해 주지 않았기 때문이다. 학교에서 공부하고 또 아르바이트까지 하고 집에 돌아오면 혼자 살지만 집안 일이 기다리고 있었다. 그 일들을 오늘 하지 않으면 내일 일이 더 많아지고 피곤해지기 때문에 힘들어도 오늘 할 일은 오늘 처리했다.

그러다 보니 요령이 생겨났다. 자취를 하면서 집안 일을 쉽게 할 수 있는 방법을 터득한 것이다. 결국 자취생활에서 또 하나의 교훈을 얻은 셈인데, 그것은 변화해야만 살 수 있다는 것이다.

기업을 운영하면서 가장 큰 화두 중의 하나가 변화하되 어떻게 변화해 나갈 것인가이다.

특히 기업은 상황이 시시각각 변한다. 그래서 변화를 감지하기조차 어렵다. 그렇다고 가만히 있을 수는 없다. 기업은 끊임없이 변화해야만 살아남을 수 있는 것이다. 나는 자취를 하면서 이러한 변화를 감지하는 능력을 키웠다. 즉 상황 변동에 민감하고 그 상황에서 어떻게 나를 변화시켜 유리하게 이끌어 나갈 것인가를 미리 경험으로 연마한 것이다.

개인도 변화하지 않으면 어렵다. 현실에 안주하면서 유유자적하다 보면 뒤처지게 마련이다. 변화를 위해 끊임없이 노력하고 자신을 개혁시켜 나가야 한다. 개인이 개혁된다는 것은 자신의 문제점이나 약점을 깨닫고 개선해 나간다는 의미다. 그렇지 않으면 급변하는 현실에 대처하지 못해 우왕좌왕하게 된다.

기업도 시장 상황이 항상 고정되어 있는 것이 아니다. 그리고 어제의 고객이 오늘의 고객이라고 장담할 수 없다. 상황이 어떻게 변해 나가는지 안테나를 곤두세우고 주시해야만 한다. 적응이라는 문제를 넘어서 이젠 변화해야 하는 것이다.

변화는 결국 자신의 역량을 뛰어넘게 만든다. 자신을 개혁하고 가정을 개혁하고 사회를 개혁하고 정치를 개혁하고 분위기를 쇄신해 나가야만 한다.

그렇다면 개혁을 위해 가장 중요한 요소는 무엇일까? 먼저 습관을 고치는 일이다. '습관은 제2의 천성'이란 말이 있다. 자신을 개혁하기 위해 우선 좋지 않은 습관을 고치는 것이 우선이라 할 수 있다.

일하는 것도 힘들고 매사 쉽게 이루어지는 일은 별로 없다. 우연이나 행운이 따랐다고 말하지만, 알고 보면 피나는 노력이 있었기에 가능한 것이다. 오랫동안 몸에 밴 습관을 고치는 것은 결코 쉬운 일이 아니다. 하지만 이러한 습관을 개혁하지 않고서는 발전할 수 없다.

고등학교 시절 자취생활을 하면서 나는 이 사실을 깨달았다. 변화해야만 살 수 있고 끊임없이 개혁해 나가는 것이 인생의 숙제이며 길이라는 것을. 그 후 나는 현실에 안주하는 것을 경계해 왔으며, 그 날은 곧 사회생활을 은퇴하는 날이라고 스스로 다짐해 왔다.

롯데그룹에서 40년간 직장생활을 해 오면서 단 한 번도 안주하지 않았다. 나 자신을 개혁하고 더 훌륭하고 성숙한 회사 오너로서, 사회지도자로서 살아가기 위해 끊임없이 노력해 왔다.

샐러리맨은 마케팅 능력을 갖추어야 한다

롯데제과 경리사원으로 출발한 나는 영업기획부로 자리를 옮기면서 영업의 기본부터 새로 배우기 시작했다. 그러면서 회사의 꽃은 다름 아닌 영업부라는 사실도 알게 되었다.

기업이란 물품이나 서비스를 고객에게 돈을 받고 파는 것이 목적인데, 영업 외에 물품을 만들고 서비스를 제공하는 역할도 매우 중요하다. 따라서 영업부와 다른 조직들이 서로 맞물려 돌아감으로써 기업은 발전하게 된다.

샐러리맨들은 영업과 무관한 부서에 근무한다 하더라도 기본적으로 마케팅 능력을 갖추고 있어야 한다. 왜냐하면 영업은 여러 가지 자신에게 유익한 기본 틀을 제공해 주기 때문이다.

샐러리맨들은 사무실에 앉아서 편한 일만 하려 한다. 그래서 입사 지원 때도 영업부보다는 기획실이나 인사부를 선호한다. 하지만 영업부 업무를 파악하지 못하면 회사의 중역이 될 수 없다. 자기 회사가 어떻게 수익을 올리는가를 알고 있어야만 자신이 업무를 어떻게 처리할 것인가가 정해진다. 따라서 수익을 올리는 데 큰 기여를 하는 곳이 바로 영업부다.

영업은 영업부 직원만 하는 것이 아니다. 사장이나 임원들도 영업을 해야 한다. 회사 중역이 되거나 중요한 위치에 있는 사람들은 대부분 골프를 친다. 왜 그럴까? 이유는 간단하다. 회사 수익을 올리기 위해서다. 물론 건강이나 취미생활로 치는 경우도 있지만, 서로 사업 이야기를 하면서 영업을 하게 되는 것이다.

영업에 대한 부정적인 인식도 많이 변했다. 과거에는 최후에 선택하는 것이 영업부였다. 그러나 요즘에는 신세대 엘리트들이 처음 발령받는 곳이 영업부다. 이처럼 샐러리맨들도 세일즈맨이 되어야 한다. 세일즈맨이 되어야 자신의 발전도 있고 회사의 발전도 보장받을 수 있다. 그리고 영업부를 거치지 않고서는 승진도 잘 되지 않는다. 영업부에서 잔뼈가 굵어야 승진가도를 달릴 수 있고 중역의 자리에도 오를 수 있는 것이다.

무엇보다 영업부를 거치지 않으면 회사가 어떻게 움직이는지 파악하기 어렵다. 사장이 회사의 움직임과 직원들이 무엇을 하는지 모른다면 어떻게 사장이라 할 수 있을 것인가? 그래서 사장은 반드시 영업부를 거쳐야만 한다.

마케팅의 3대 요소는, 먼저 상품이다. 회사는 상품을 만들어 팔아서 이윤을 남기며 그 이윤을 직원들에게 나누어 준다. 이렇게 상품을 잘 만들어 많은 이윤을 남기는 것이 회사의 존재 이유라 할 수 있다. 상품에 따라 회사가 성공하기도 하고,

심한 경우는 문을 닫기까지 한다.

두 번째는 고객이다. 누가 상품을 살 것인가? 즉 고객은 누구인가? 이 고객에 대한 연구를 해야 한다. 연령층, 성별, 지역, 빈부 등에 따라 다양한 고객에게 전략적으로 접근해 나가야 한다.

세 번째는 서비스다. 고객이 중요하고 이 고객들이 상품을 구입하게 하려면 서비스가 있어야 한다. 요즘 상품을 사면 쿠폰을 적립해 주는 방법이 유행처럼 번지고 있다. 고객은 품질이 같고 가격이 동일하다면 서비스 좋은 물품을 선택하게 된다. 대기업의 애프터서비스가 좋은 예다.

마케팅을 잘한다는 것은 이처럼 상품, 고객, 서비스의 질을 높이고 고객이 상품을 구입하는 데 가장 효율적인 방법으로 유도하는 것이다. 이러한 상품이나 고객, 서비스는 시대의 흐름을 탄다. 즉 유행이 있다는 것이다. 유행과 상관없는 생활필수품을 파는 회사는 그렇지 않지만 대부분의 기업들은 유행을 탄다. 따라서 유행이 어디로 흘러가는지 면밀히 살펴야 한다. 샐러리맨들이 관심 있게 지켜보아야 할 요소다.

그리고 유행의 변화만 감지할 것이 아니라 때로는 유행을 창조해야 한다. 그래야 샐러리맨으로서 세일즈맨으로서 능력을 발휘할 수 있게 된다.

이종규만큼만 일하라

　롯데그룹 창업자이자 대주주인 신격호 회장님이 한 번은 그룹 계열사 사장들이 모인 자리에서 "이종규만큼만 일하라"고 말씀하셨다. 내가 1997년 9월 롯데삼강 대표이사로 취임한 후 IMF 외환위기로 고사 직전의 회사를 반듯하게 정상화시키자, 신격호 회장님은 롯데그룹 계열사 중에서 가장 성공적인 신화를 이룬 경영인이라며 각별히 칭찬을 해 주신 것이다.

　이렇게 칭찬을 듣게 된 것은 내게 특별한 재능이 있어서가 아니다. 내 나름대로 원칙을 가지고 일하는 것뿐이다.

　내 집무실에는 신격호 회장님의 존영과 그룹 훈이 걸려 있다. 나는 매일 아침 출근과 동시에 회장님의 존영 앞에서 무언의 약속을 한다. "내가 판단하고 집행하는 모든 업무는 주인인 당신이 하는 것과 똑같은 방법으로 사심 없이 일을 처리하겠습니다"라고.

　먼저 나는 회사에서 공사(公私)를 철저히 구분한다. 인사문제는 외부 청탁이나 어떤 압력이 들어와도 인사규정에 따라 원칙대로 처리한다. 또한 원료나 모든 물품 구매에 관한 한 품질과 납기와 시장가격에 따라서 구매부서장의 책임하에 집행하도록 권한을 이양함과 동시에 연필 한 자루 구입하는 것마저도 예외를 인정하지 않았다.

거래처의 손님이 찾아오면 사적인 자리에서 만나지 않고 회사 구내식당에서 함께 식사를 하고, 어쩔 수 없는 상황이 되어 외부로 나가게 되어 차라도 한 잔 마시게 되면 비용을 회사가 지불하고 투명하게 경영을 했다.

이러한 결과로 한국경영자총연합회에서 시행하는 '보람의 일터' 대상을 수상하게 되었으며, 국가로부터 '동탑산업훈장'을 수상하는 기쁨도 누렸다.

이렇듯 나는 40년 동안 롯데맨의 길을 걸어오면서 한 번도 사적인 이익을 위해 일하지 않았다. 늘 회사의 발전과 전진만을 생각하며 일해 왔다.

그 다음은 '언행일치(言行一致)' 다. 지금까지 나는 말과 행동이 일치하는 사람이 되려고 노력했으며 이를 잘 지켜 왔다고 감히 자부한다. 언행일치란 자신의 약속을 지키는 것이다. 나는 지키지 못할 약속은 하지 않는다. 부하직원에게도 마찬가지다. 이래라 저래라 하고는 자신이 지키지 않는다면 부하직원들의 신뢰를 받지 못하고, 요즘 유행하는 말로 '당신이나 잘 하세요' 라고 속으로 생각할 것이다.

나는 한 번 내뱉은 말에 대해서 철저하게 책임을 졌다. 나

東亞日報

⑩ 1999년 2월 10일 수요일 제24116호   B1

"이종규만큼만 일하라"

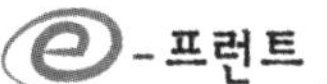

▨高卒의 롯데삼강 대표

적자더미 회사 구조조정 성공

업계 4위서 1년만에 2위로

辛회장 롬만나면 "본받으라"

롯데삼강 이종규(李鍾奎·55)대표의 경영에 대한 열정은 롯데안은 물론 재계에서도 유명하다. 신격호(辛格浩)그룹회장이 계열사 사장을 모아놓고 "이전무만큼만 일하라"고 말할 정도다.

그는 고졸 학력으로 주요그룹 계열사의 대표이사 전무 자리에 오른 입지전적인 경력부터 남다르다. 외부손님이 찾아와도 일년 내내 회사 구내식당에서 점심식사를 할 만큼 업무태도가 철두철미하다.

그런 열성 때문일까. 97년 12월 롯데삼강의 대표이사로 승진한 이전무는 지난해 롯데그룹 내에서 가장 성공적으로 구조조정을 이룬 경영인으로 신회장의 각별한 칭찬을 받았다.

이전무가 사령탑을 맡은 뒤 97년말 1천5백억원이던 롯데삼강의 부채는 지난해말 8백억원으로 줄어들었다.

롯데삼강은 지난해 서울 둥촌동 본사를 문래동 공장으로 옮기고 전체인력의 37%를 감축하는 등 구조조정으로 지난해 3백여억원의 경비절감 효과를 거뒀다.

이전무는 경남 창녕의 가난한 농가에서 홀어머니를 모시고 자랐다. 어려운 가정형편 때문에 국민학교 졸업 후 1년간 농사를 짓다 겨우 중학교에 진학했다. 중학교 졸업 후에도 다시 1년을 일한 뒤 몰래 시험을 봐 마산상고에 들어갔다.

어려운 학창시절을 겪은 탓에 회사에서 받은 월급은 더욱 소중했다. 그래서 이전무는 롯데그룹에 몸담은 이후 30여년간 받은 월급봉투와 급여지급명세서를 하나도 빠짐없이 3권의 스크랩북에 보관하고 있다. "일이 취미"라고 말하는 그에게 누런 월급봉투는 옛 기억을 되살리는 일기장과 같은 셈.

자기관리에도 철저하다. 술 담배도 입에 대지 않아 주위에서 "수도승같다"는 말을 들을 정도.

김경제기자

이종규 롯데삼강 대표이사전무가 30여년동안 모아온 월급명세서와 사령장들을 펼쳐보이고 있다.

업무에서도 효율을 중시해 모든 결재는 부하직원을 만나지 않고 서류로만 처리한다. 집무실 앞에서 기다리느라 시간낭비하지 말고 그 시간에 일하라는 뜻이다.

최근 롯데삼강은 '거북이' '토끼' 등의 빙과류 히트상품으로 상승세를 타고 있다. 이른바 '하드'의 원조이면서도 빙과류 매출이 만년 4위에 처져있다가 지난해 10월부터 월별매출이 해태제과 빙그레 등과 맞서는 2위권으로 부상한 것.   〈김홍중기자〉
kimandy@donga.com

신격호 회장님이 롯데그룹 계열사 중에서 가장 성공적인 신화를 이룬 경영인이라며 칭찬을 해 주셨다.

자신과의 약속 또한 지켜 왔다. 지금까지 나는 술과 담배를 하지 않는다. 마산상고 시절의 자취생활 그리고 군대생활, 롯데제과에 입사해서 자취를 하면서 술과 담배를 하지 않겠다고 다짐을 했기 때문이다. 그런데 우리나라 기업문화에서는 술을 빼놓고 얘기할 수가 없다. 어떤 사람은 술을 못 마시면서 어떻게 대표이사 자리까지 올랐느냐고 묻기도 한다. 담배도 자취생활을 하면서 한푼이라도 아껴야 한다는 절약정신이 몸에 뱄기 때문에 피우지 않았다.

마지막으로 일을 즐겁게 하는 것이다. 많은 기업의 회장이나 사장들이 일하는 것이 취미라는 이야기를 들었고 나 역시 일하는 것을 취미로 여기고 있다. 억지로 마지못해서 일하는 것과 즐겁게 일하는 것은 엄청난 차이가 난다. 즐겁게 일을 하면 일에 몰두할 수 있고 창의적인 사고력이 생겨나며, 일과 나 자신이 하나 되어 시너지 효과를 발휘하게 된다. 그리고 효율성에서도 큰 차이가 난다. 결과물에서도 마찬가지다. 억지로 일을 하면 자신의 역량과 비교해 과연 몇 퍼센트나 이룰 수 있겠는가.

업무를 하는 데 나만의 노하우가 있다면, 그것은 남이 할 수 없는 일을 내가 해내는 것이다. 롯데에 입사하면서 나는 여러 번 남들이 쉽게 하지 못하는 일을 성공적으로 완수해 냈다. 이

것이 내가 고졸 출신으로 대기업 CEO 자리까지 승진하게 된 결정적인 요소다.

어느 기업에서든 누구나 할 수 있는 일을 하면 발전이 없다. 회사도 다른 회사가 하지 못하는 일을 해내야 살아남을 수 있고, 개인도 다른 사람들이 하지 못하는 어려운 일을 해낼 수 있어야 승진도 하고 회사와 함께 발전해 나간다.

그렇다고 내가 남들이 할 수 없는 일을 잘 해낸다고 해서 특별한 능력이 있다는 이야기는 아니다. 결국 똑같은 능력이 있다면 나는 남들보다 잠을 덜 자고 그들이 눈을 뜨기 전에 일어나서 일에 몰두했다. 한 마디로 일벌레가 되는 것이었다. 그러다 보면 원칙이 생기고 신기할 만큼 능력을 발휘할 수 있었던 것이다.

나는 롯데삼강을 맡은 뒤 그 해 말 1,300억이던 차입금을 다음해 670억 원으로 감축시키는 데 성공했다.

상사와 부하직원들과 공감대를 형성하라

롯데삼강 대표이사로서 무척 힘든 일이 있었다. 1998년 한 해 동안 720여 명을 구조조정한 것인데, 직장생활을 하면서 가장 아픈 기억이기도 하다. 그들도 가족이 있고 한 가정의 가장으로서 생계를 책임져야 하는데 회사에서 나가라고 하니 대표이사로서도 정말 가슴 아픈 일이었다.

나는 목이 타도록 회사의 입장과 현황을 설명하며 그들을 이해시키고 설득해 나갔다. 그리고 부서별 직능단위로 일의 성과를 측정하고 최소한의 인력은 어느 정도인지 파악하도록 각 부서장에게 지시했다. 하지만 모두 최정예 인원이라며 남는 인력이 없다고 했다. 몇 번 더 설득하여 잉여인력을 파악한 다음 정리방법에 대해 골몰했다.

일 년 동안 720여 명을 정리한다는 게 쉬운 일이 아닌데 생각지도 않게 잘 풀려나갔다. 회사의 재무상태가 부채비율이 2,600%를 넘어 부도 일보직전에 다다르자 퇴직금을 받지 못하는 경우가 발생될까 봐 오래된 생산현장 직원들과 일선 영업현장 판촉사원들이 앞다투어 사표를 던지고 회사를 그만두게 되었다. 일시에 퇴직금으로 지급해야 할 100억여 원의 자금이 문제였으나, 잉여인력을 정리하는 절호의 기회가 된 것이었다.

바둑 용어 중에 '소탐대실(小貪大失)'이라는 말이 있다. 눈앞의 이익에 얽매이거나 정에 이끌려 이익을 추구하다 보면 더 큰 것을 잃는다는 말이다. 잉여인력으로 정리된 직원들도 나의 가족이나 다름없는 사람들이었다. 그러나 그들을 정리해야만 회사가 살아날 수 있다. 그런 진통 끝에 롯데삼강을 적자기업에서 알토란 같은 초우량 기업으로 성장시킬 수 있었다.

나의 설득과 결단이 그들에게 통할 수 있었던 것은 매주 한 번씩 하는 도시락 미팅이 큰 역할을 했다. 한 주도 거르지 않고 10명씩 면담을 하면서 중간관리자를 거치지 않고 말단직원들의 고충과 현장의 생생한 목소리를 들을 수 있었다. 그리고 회사의 경영정책과 방침을 이해시키고 주지시킬 수 있었다.

그리하여 롯데삼강 대표이사로 부임한 지 일 년 만에 500여 명을 만났으며, 업무현장에서의 고충과 건의사항, 그리고 가정 문제와 출퇴근 문제까지 상세하게 이야기를 나누었다. 이 과정에서 나눈 이야기를 경영방침에 반영했으며, 그것이 회사를 운영하는 데 특효약이 되었다.

도시락 미팅을 한 이유는, 사람에게 가장 행복한 시간은 음식 먹을 때와 화장실 갈 때라 하니, 가장 즐거운 점심시간에

편한 자세로 마음의 문을 열면 대화가 부드럽게 잘 풀리게 된다. 또 한 가지는 특별히 별도의 시간을 만들지 않아도 된다는 사실이다.

물론 같은 배를 타더라도 다른 생각과 꿈을 가지고 있을 수 있다. 그러나 이 도시락 미팅을 통해서 같은 방향, 같은 목적을 위해 배를 타고 있다는 동질감을 형성할 수 있었다.

도시락 미팅의 목적은 화합과 서로 존중해 주는 사랑의 정신을 신장시키는 데에 있다. 임직원들과 사장이 하나가 되어 서로 경쟁하는 가운데 화합을 하고, 직원들은 대표이사를 믿고 따르며 서로 존중하는 한마음이 되는 것이다.

직원들도 이 과정을 통해 오너의 고충이 무엇인지를 알게 되고, 회사를 위해 최선을 다할 것을 다짐하며, 대표이사는 책임감을 가지고 직원들을 밀어 주고 당겨 주게 되었다.

04

노력 없이 얻는 것은 없다

뜻하지 않은 곳에서 찾아오는 행운

항상 자신을 지켜보는 시선이 있다

무엇이든 할 수 있어야 한다

전문적이면서 일반적인 안목을 길러라

노력 없이 얻는 것은 없다

직장에서 살아남기

No pains, no gains

뜻하지 않은 곳에서 찾아오는 행운

적자에 허덕이던 롯데삼강을 맡아 흑자기업으로 대전환을 해놓고, 나는 2002년 3월 부산롯데호텔 대표이사 사장 사령장을 받았다. 부임하자마자 호텔 전반적인 상황을 파악해 보니 재무구조는 양호했지만 근로자들의 의식구조가 큰 문제였다.

사장 취임식을 끝내고 집무실로 들어서는데 빨간 조끼를 입고 머리에는 '투쟁'이라는 붉은색 띠를 두르고 북과 꽹과리를 치고 있어 호텔인지 시장바닥인지 구분을 할 수가 없었다.

연유를 알아보니 노동조합위원장이 자신이 위원장으로 당선되면 상급단체를 민주노총으로 가입하겠다는 선거공약을 내세워 당선되었기에 민주노총으로 가입하겠다는 시위였다.

경영진과 간부사원들은 어쩔 줄 몰라 손을 놓고 있었다.

나는 그들을 집무실로 불러 신임사장과 대화로 문제를 풀어갈 것을 간곡히 설명하고, 저녁에 집으로 초대하여 새벽 4시까지 진지하게 이야기를 나누었다. 사장에게 시간을 달라, 그리고 사장이 하는 이야기가 틀렸다고 인정되면 파업을 해도 좋고, 상급단체를 민주노총으로 가입해도 좋다, 다만 오늘부터 10명씩 그룹미팅을 통해 호텔의 문제점이 무엇인지, 왜 서로 불신에서 헤어나지 못하는지 진지하게 토론을 해 보자고 설득했다.

그래서 도시락 미팅을 100회 가까이 하면서 근로자들의 애환을 듣고 그들의 문제점을 하나하나 해결하는 데 사장이 앞장서서 처리해 나갔다.

근로자들의 불만은 정말 사소하고 어이가 없는 것들도 많았다. 간부들은 호텔식당에서 공짜로 식사를 하는데 자기들은 불가능하다는 등 실소를 자아낼 것들도 있었다. 나는 천명을 했다. 지금부터 사장도 근로자들과 똑같이 구내식당에서 줄을 서서 차례를 기다려 식사를 하겠다고!

그래서 4년 동안 사장이 식판을 들고 차례를 기다려 직접 배식받아 식사를 하는 어려움을 한 번도 거르지 않고 실행에 옮겼다. 사소하고 작은 것에서부터 신뢰를 쌓기 시작하여 기본과 원칙을 고수하면서 10개월이 지날 무렵 노동조합 상급단체를 민주노총으로 할 것인가, 아니면 한국노총으로 할 것인가를 전 근로자들을 상대로 투표한 결과 한국노총으로 하자는 비율이 67.7%에 달하는 결과로 나타났다.

이렇게 되자 노동조합위원장은 더 이상 고집을 부리지 못하고 한국노총을 상급단체로 결정하는 용단을 내리게 되었다.

또 한 가지 잊지 못할 추억은 직원들의 잠재된 재능이 무척 많다는 것을 느끼고 경영에 반영한 일이다.

호텔에는 대학교의 산학 실습생들이 찾아와 현장학습을 한다. 우리 호텔도 예외는 아니었다. 여기서 우리 호텔에서 현장학습을 한 어느 여대생의 이야기를 하고자 한다. 그녀는 식음료팀 연회부에서 이론과 실무를 배우는 학생이었다.

어느 날 이 여대생이 나를 찾아와 제안할 것이 있다고 했다. 자기는 이 제안을 통해 얻고자 하는 것은 없으며, 특히 실습생으로서 특별대우를 바라거나 특별채용 되기를 바라지도 않는다면서 순수한 열정으로 찾아왔으니 순수한 마음으로 봐 달라며 이야기를 시작했다.

제안 내용은 두 가지였다. 하나는 푸드뱅크를 이용하여 잉여 음식물 쓰레기 처리비용을 줄이고 기업 이미지를 향상시키는 것이었다. 푸드뱅크란 생산, 유통, 판매, 사용과정의 음식물을 기탁받아 필요한 이웃에게 전달함으로써 식품을 통한 나눔의 사랑을 실천하고 식품자원의 낭비를 줄이는 역할을 하는 식품은행을 말한다.

또 하나는 호텔을 찾는 여성 고객들에게 별도의 서비스를 제공함으로써 타 호텔과 차별화를 꾀할 수 있으며, 그 방법으로 여성 전용 화장실에 핸드로션, 빗, 간단한 헤어용 젤 같은 위생용품을 비치해 놓았으면 좋겠다는 것이었다.

나는 깜짝 놀랐다. 그리고 정말 고마웠다. 정식 직원도 아닌 실습생이 사장을 찾아와서 이런 제안을 하다니…. 이것은 자기 일에 애착을 갖고 성실하게 열심히 일하고 있다는 반증이 아니고 무엇이겠는가.

그런데 첫 번째 제안은 호텔 음식류는 개별포장이 되지 않기 때문에 이동 중 위생 안전 문제가 있기 때문에 불가능했다. 두 번째 제안은 부산롯데호텔 여성 화장실에 빗, 핸드크림 등을 비치해 놓고 고객들의 반응을 봐 가며 점차 확대해 나가겠다고 약속을 했다.

이 여대생을 칭찬하고 싶은 것은 그녀의 용기였다. 대표이사 집무실에 와서 자기 의견을 당당하게 개진하는 용기 있는 태도가 훌륭했던 것이다. 다음은 그녀의 적극성이었다. 실습을 하면서 호텔 업무에 대해 관심을 가지고 살펴보았으며 적극적으로 나서서 나를 찾아온 것이다. 좋은 생각도 행동으로 옮기지 않으면 소용이 없다. 그녀는 생각에 그치지 않고 행동으로 옮겨 부산롯데호텔을 위해 제안을 한 것이다.

그녀는 실습을 마치고 학교로 돌아가 졸업한 다음 외국으로 유학을 떠날 계획이라고 했다. 앞으로 어디서 일을 하게 될지 모르지만 나는 그녀가 반드시 성공할 수 있으리라 믿는다. 자신의 발전을 위하고 회사의 발전을 위해서 열심히 연구하고 노력하면 언젠가는 빛을 보게 된다.

"뜻이 있는 곳에 길이 있다"고 했다. 언제 어디서나 적극적인 마음과 자세로 연구하고 노력하면 뜻밖의 곳에서 행운이 기다리고 있을 것이다.

항상 자신을 지켜보는 시선이 있다

신입사원이 되면 누구나 새롭게 각오를 다지고 일을 배우기 위해 노력한다. 롯데삼강 대표이사로 있을 때 나는 신입사원들에게 이렇게 훈시하곤 했다.

"그림 중에서 가장 아름답고 인자하고 평화로운 그림은 어머니가 아기를 껴안고 젖을 먹이는 모습을 그린 것입니다. 신입사원 여러분도 부서장 및 선배의 팔에 안겨 젖을 먹는다는 마음자세로 그렇게 할 수 있는 방법을 찾아 행동에 옮기십시오.”

신입사원들에게는 주위 환경과 상사, 분위기 등 모두 낯설기만 하다. 그러나 부서장이나 선배들은 일을 쉽고 빠르게 배울 수 있도록 배려를 아끼지 않는다. 신입사원들의 입장에서 보면 내려다보아야 땅밖에 없다. 하루 빨리 일을 배워 자기 몫을 해야만 회사에서 인정받을 수 있다.

신입사원들에게는 입사동기를 제외하고는 하급자가 없다. 모두 상급자뿐이다. 그래서 업무를 빨리 배워 인정받으면 된다고 생각한다. 하지만 시간이 지나 이들이 승진하고 또 신입사원들이 하급자로 들어온다.

이때는 자신의 업무만 잘하는 것이 아니라 신입사원들을 잘 관리하는 것도 업무다. 이들도 신입사원 때는 주위 눈을 별로 의식하지 못했다. 그러나 새로 들어온 신입사원들을 관리하면서 깨닫게 된다. 그때 상급자들이 자신의 언행을 면밀하게 관찰하고 있었다는 사실을.

이것은 비단 신입사원들에게만 해당되는 말이 아니다. 부서장이나 중역들도 마찬가지다. 주위 사람들이 항상 예사롭지 않은 눈초리로 자신을 관찰하고 있다. 그러니 언제나 언행을 조심해야 한다.

어떤 신입사원들은 자신감이 넘치는 경우가 있다. 물론 자신감이 있어야 당당하게 일할 수 있고 대인관계에서도 도움이 된다. 하지만 자신감이 지나쳐서 주위 눈을 의식하지 못하고 자기 주관대로 밀고나가는 경우가 있다.

패기 있고 적극적이며 당당한 자신감은 좋다. 이런 자신감이 지나쳐 이기적으로 비치면 곤란한 상황에 빠지게 된다. 주의해야 할 것은 이러한 태도까지도 상급자들은 면밀하게 관찰하고 있다는 것이다.

군대에서도 자대에 배치를 받으면 한 달간 보직을 주지 않고 내무반에 가만히 앉아 있게 한다. 절대로 바로 일을 주지 않는다. 이유는 중대 분위기를 파악하고 자신의 역할과 언행을 어떻게 해야 할지 알게 하는 기간이기 때문이다. 이러한 기간을 통해 신병들은 내무반에서 자신의 역할을 찾게 된다. 그리고 상급자들과 갈등이나 문제를 일으키지 않고 어떻게 하면 군대생활을 알차고 보람 있게 할 수 있을지 생각하게 된다.

회사에서도 마찬가지다. 신입사원들이 업무를 익히는 것이 우선이지만 상급자들과 잘 어울리는 것도 회사에서 성공하기 위한 중요한 요소다.

자신을 지켜보는 눈초리가 있다는 것은 신입사원들에게만 해당되는 사항이 아니다. 중역들도 회장이나 사장의 눈을 조심해야 한다. 회장이나 사장은 임직원의 중요한 사항을 계속 지켜보고 있다는 것을 간파해야 한다. 자신을 지켜보는 사람들의 인정을 받을 때 그만큼 성공을 앞당길 수 있다.

그렇다고 너무 주위 눈을 의식해 의기소침하거나 소극적이 되어서는 안 된다. 상급자들도 하급자의 경험을 가지고 있으며 그들 또한 더 높은 상급자들의 눈을 피할 수 없기 때문이다.

사회는 인간의 조합으로 이루어져 있다. 인간 없는 사회는 존재 의미가 없으며 존재 가치도 없다. 그래서 어디를 가든 사람은 사람을 만나게 되고 서로 교제하게 된다. 여기서 중요한 것은 다른 사람이 자기를 어떻게 생각하느냐다. 이것은 자기를 살펴보고 있는 눈이 있다는 것을 항상 염두에 두고 행동을 조심하며 말을 가려서 하라는 것이다. 그래야 좋은 평가를 받게 되고, 자신에게 기회가 되어 돌아온다.

무엇이든 할 수 있어야 한다

이 세상에서 잘 살아가기 위한 기본 조건은 근면함과 성실함이다. 이것은 과거 · 현재 · 미래에 공통적으로 통용되는 하나의 신념이라고 말할 수 있다.

그렇다면 이 기본적인 조건 외에 성공할 수 있는 비결은 과연 무엇일까? 그것은 능력을 가지는 것이다. 즉 자기에게 주어진 일을 성공적으로 수행하며, 특히 남들이 하지 못하는 것까지 척척 해내는 것이다.

이렇게 되면 어디에서건 인정받을 수 있고 성공하기 쉽다. 능력 있는 사람이라는 평을 듣는다면 그것은 다른 사람보다 여러 걸음 앞서 가는 것과 같다. 우리가 학교에서 공부하고 자격증을 획득하고 학원에 다니면서 기술을 연마하고 유학을 가는 것도 다른 사람이 갖지 못하는 능력을 갖기 위해서다.

사회생활에서 꼭 필요한 능력은 세 가지가 있다. 먼저 영어회화 능력이다. 직장인들이 늦은 시간 학원에 다니며 영어회화를 공부하는 것은 사회생활에 꼭 필요하기 때문이며, 또한 경쟁에서 살아남기 위해서다.

현대는 무한경쟁 시대요 글로벌 시대다. 그런데 외국어 하나 제대로 소화하지 못하고서는 체면이 서지 않는다. 특히 회사 외부 거래처에서 전화가 왔는데 영어로 이야기하는 경우가 있다. 이때 별로 신통치 않게 보이던 직원이 영어로 유창하게 거래처와 대화를 성공적으로 끝내고 직원들에게 설명해 주었다.

이 영어회화 몇 마디가 자신의 가치를 끌어올리고 능력 있다는 평가를 받게 해 주었다. 영어회화는 해외출장이나 여행 갈 때 꼭 필요하다. 대학생들의 해외연수 중 어학연수가 많은 것도 이처럼 사회생활에 꼭 필요한 능력을 배양하려는 노력의 일환으로 볼 수 있다.

그 다음은 컴퓨터를 다루는 기술이다. 컴퓨터가 계속 진보에 진보를 거듭하고 있어 어느 정도의 기술을 요하는 것이 능력이냐는 문제는 별개로 하고, 적어도 사회생활에 필요한 컴퓨터 활용 능력은 갖추어 있어야 한다. 현대와 같은 정보시대에 컴퓨터를 다루지 못하고서는 정보경쟁에서 승리할 수 없다. 그리고 디지털 시대에 컴퓨터를 원활하게 잘 이용하면 어디에서건 능력을 인정받을 수 있다.

마지막으로 차량 운전 능력이다. 만약을 대비해서 대형면허증을 따놓는 것도 도전과 모험의 연속이라 할 수 있는 인생길에서 큰 도움이 되고 능력을 인정받는 첩경이다.

이러한 능력은 모두 갖추어야 할 기본 요건이다. 특히 남자들은 무엇이든 할 수 있어야 한다. 인생이라는 것은 미래를 정확하게 알 수 없다. 다만 통계나 경험으로 추측할 수 있을 뿐이다.

그래서 인생에서는 자신의 위치를 상승시킬 수 있는 어떤 일이 벌어질지 아무도 모른다. 장담할 수 없다. 그래서 무엇이든 배워 두면 갑작스레 어떤 일이 닥쳐도 원만하게 처리할 수 있다.

그렇다면 무엇이든지 할 수 있는 능력을 배우는 방법은 없는지 궁금해진다. 그것은 주위에서 일어나는 일들에 대해 관심을 가지고 배울 수 있으면 귀동냥을 하든 요령을 파악하든 자기 능력으로 소화하는 것이다.

또 하나는 여러 가지를 경험해 보는 것이다. 큰 일이 아니라 작은 일부터 직접 해 보면서 기술을 연구하고 익히는 것이다.

전문적이면서 일반적인 안목을 길러라

부산롯데호텔 사장으로서 나는 여러 인력을 적합한 곳에 배치하여야만 했다. 신입사원들이 들어오면 그들을 호텔 각 부서에 배치하고, 간부사원도 인사이동을 시켰다.

신입사원들은 물론 입사지원서에 원하는 곳을 기입하지만, 인사과에서 판단하여 사장인 나에게 발령을 내줄 것을 요청하면, 나는 그들이 재능을 효과적으로 능률적으로 펼칠 수 있는 부서에 배치했다.

인사이동도 마찬가지다. 인사과에서 전직할 곳을 일단 정하면 나는 역시 숙고를 거쳐 그들을 배치한다.

우리 격언 중에 "인사(人事)는 만사(萬事)다"라는 말이 있다. 이것은 사람의 중요성을 말하는 것이다. 어느 조직이든 그 조직이 발전하려면 사람을 어떻게 배치하느냐가 가장 중요하다.

예를 들어 어느 나라나 마찬가지겠지만 배우자를 고를 때 당사자는 물론 부모들도 무척 심사숙고한다. 아들이라면 어떤 며느리를 들이느냐에 따라 가문이 흥하기도 하고 망하기도 하기 때문이다.

그래서 부모들은 혼인을 시킬 때 배우자의 집안이나 가족, 직업, 형제 관계 등을 세세히 살펴본다. 맞선을 볼 때 배우자 후보에게 여러 질문을 하는 것도 며느리나 사윗감을 조심스럽게 지켜보는 것이다.

이처럼 사람을 잘 쓰느냐 못 쓰느냐는 가장이나 기업 사장이 갖추어야 할 가장 중요한 요소 가운데 하나다. 이렇게 사람을 잘 쓰기 위해서는 사람을 보는 눈이 있어야 한다. 당연히 그 사람에 대한 주변의 평판을 들어보고 판단해야 하지만, 처음 보는 사람을 자기 사람으로 끌어들이기 위해 사람을 판단하는 눈을 갖추는 것은 인생에서 가장 중요한 일이라 해도 과언이 아니다.

이처럼 보는 눈을 갖는다는 것은 사람에게만 해당되는 것은 아니다. 가장 흔한 일로 우리는 밖에 외출할 때 옷을 입는다. 그런데 어떤 옷을 입을지를 선택하는 것도 보는 눈이 있어야 한다.

백화점이나 시장에서 옷을 고르거나 액세서리를 구입할 때도 보는 눈이 있어야 자기에게 맞는 상품을 고를 수 있다. 농부도 마찬가지다. 집에서 키울 가축을 고를 때도 보는 눈이 있어야 한다. 당연히 목적에 맞는 상품을 찾겠지만 그 목적의 가치가 동일하다면 자기 마음에 드는 상품을 골라잡을 것이다.

《삼국지》에서 촉나라의 유비가 삼고초려(三顧草廬)한 이유는 과연 무엇일까? 주나라 무왕이 강태공을 찾아가 애걸복걸하면서 스승이 되어 줄 것을 청한 이유는 무엇일까? 그것은 유비나 한무제 역시 사람 보는 눈을 갖추고 있었던 것이다.

제갈공명이 촉나라 군사로 등용되어 삼국을 통일하지는 못하였지만 그의 생전에 촉나라는 튼튼하게 유지되고 발전하였다. 이처럼 유비나 무왕이 용병술, 즉 사람 보는 눈과 사람을 배치하는 데에 탁월하였기 때문에 지금도 자주 예화(例話)로 등장한다.

이처럼 보는 눈, 즉 안목을 갖추고 있으면 다른 사람들보다 성공에 이르는 지름길로 가게 된다. 이 안목을 키우기 위해서는 여러 가지를 다양하게 살펴보는 것이 중요하다. 외국에 가서 견문(見聞)을 넓히는 것 역시 안목을 키울 수 있는 좋은 방법이다. 그리고 손쉽게 할 수 있는 방법으로는 관찰력을 키우는 것이다.

남들이 보지 못하는 구석구석을 관찰하고 잘 살필 수 있는 자세를 먼저 갖추어야 한다. 이처럼 사람을 보는 안목, 상품을 보는 안목, 구석구석을 잘 관찰하고 살필 수 있는 안목을 갖는 것은 노력으로도 얼마든지 가능하다.

노력 없이 얻는 것은 없다

롯데그룹에서 대표이사에 오르기까지 나에게 주어진 별명이 있다. 그것은 '고졸 출신 최고경영자' 라는 것이다. 학벌이 중요한 성공 요인이 되는 사회에서 고졸 출신이 재벌기업 대표이사가 된 것은 하나의 파격이었다. 그래서 사람들의 관심사가 될 수밖에 없었고, 고졸 출신 샐러리맨들에게 희망과 꿈을 갖게 한 하나의 불꽃과도 같았다.

또 다른 별명은 '수도승'이다. 지금까지 담배와 술을 하지 않아서 얻은 별명이다. 그리고 또 '별종'이라고도 한다. 이것은 나의 삶과 행동이 일반 사람들과 좀 다르기 때문에 붙여진 것이다.

마지막 별명은 '원칙주의자'다. 일단 원칙을 세우면 고집스럽게 밀고나가는 사람이라는 것이다.

이러한 별명을 얻기까지 나는 세 번 크게 눈물을 흘려야만 했다. 첫 번째는 학력이 고졸일 수밖에 없었던 이유다. 너무나 어려운 형편이라 대학 진학을 포기하고 군대에 가게 되었을 때다. 두 번째는 롯데맨으로 직장생활을 하면서 고졸 학력이 장애가 되었을 때다. 마지막으로 신격호 롯데그룹 회장의 전격발탁으로 롯데삼강 최고경영자가 된 후 자신의 경영방침을 소액주주들과 사원들이 차갑게 외면했을 때였다.

사람들은 내가 롯데삼강 대표이사가 되었을 때 외면의 화려함만을 보았다. 내가 그 자리에 오르기까지 흘린 눈물을 기억하지 못했다. 그리고 사장이라는 이름에 감춰진 나의 지나온 인생 역경을 알지 못했다.

'고졸 출신 최고경영자'라는 별명은 한국 사회에서 고졸 출신들이 대기업 대표이사가 되기가 얼마나 어려운지를 반증한다. 달리 말한다면 내가 고졸 출신으로 대기업 대표이사가 되기 위해 얼마나 노력했는지를 웅변으로 말해 준다고도 할 수 있다.

'별종'이라는 닉네임도 그렇다. 고졸 출신으로 대기업에서 성공하기 위해서는 남들과 똑같아서는 오래 버티기도 힘들고 승진도 어려우며 하물며 대표이사도 될 수 없었다. 다른 사람들이 생각지 못하는 연구를 해야만 했고, 다른 사람과 똑같이 일해서도 안 되었다.

'수도승'이라는 별명 역시 마찬가지다. 건강을 위해서도 그렇지만 다른 사람처럼 즐길 것을 모두 즐겨 가면서 성공하기란 낙타가 바늘귀에 들어가는 것만큼 어려운 일이다. 나도 사람인지라 한 번쯤은 술에 취해 보고도 싶고 담배 피우는 사람이 멋있게 보여서 한 번쯤 담배도 피우고 싶었다.

특히 주위의 유혹을 물리치기가 어려웠다. 그러나 나는 절제해야 성공할 수 있고, 나의 별명이 원칙주의자라는 것에서 알 수 있듯 이 원칙을 지키려고 스스로 마법을 걸어가며 정신무장을 해야만 했다. 마치 마음의 원칙을 정하고 도를 닦기 위해 자신을 절제하고 연마하며 중생을 구제하는 수도승이 되어야만 나는 성공할 수 있었다.

또한 나에게 가장 힘들고 괴로웠던 일은 네 살 때 아버지가 돌아가시고 고등학교 3학년 때 어머니마저 세상을 떠난 것이었다. 그때 내가 가장 부러워했던 것은 온 가족이 웃으며 화목하게 지내는 것이었다.

학교 다닐 때 훌륭한 사람이 되어 어머니를 편히 모시겠노라고 말씀드린 것을 지켜보시지도 못하고 어머니는 6남매 곁을 떠나셨다. 고생만 하시고 마음의 즐거움도 못 누리셨으니 이보다 더 안타까운 일이 있으랴. 그건 정말 참기 힘든 고통이었다.

롯데제과에 입사해서 첫 월급을 받을 때도 어머니가 가장 먼저 생각났다. 자식이 어엿하게 사회에 진출했는데, 키워 주시고 가르쳐 주신 그 부모님이 안 계신 것이다. 회사에서 고생스러울 때 제일 먼저 생각나는 분도 바로 어머니였다. 그럴 때면 나는 속으로 되뇌이곤 했다. "어머니, 이 일을 어떻게 해야 합니까?" 중학교 시절 내가 세상을 살아가는 목적이 되셨고 스승이 되셨으며 때로는 친구가 되셨던 어머니를 생각하면 나는 어떤 일에도 자신감이 있었다.

일이 잘 되지 않을 때는 어머니를 생각한다. 그러면 어머니가 곁에서 나를 지켜보고 계시는 것 같다. 또한 어머니가 고생하신 것을 떠올리면 내가 아무리 고생스럽다 하더라도 어머니의 고생과는 비교도 할 수 없다는 생각이 들었다.

그래서 나는 오뚝이같이 일어설 수 있었고, 다시 앞만 보고 달리는 기관차처럼 계속해서 나아갈 수 있었다. 이처럼 나의 노력이 빛을 볼 수 있었던 것은 어머니의 고생이 내 마음속에 교훈으로 남아 있기 때문이다. 그래서 나는 노력했고 고생을 인내하며 달릴 수 있었다.

매사 노력이 필요하다. 어느 곳 어느 자리에 있든지 간에 마찬가지다. 이러한 노력 없이 얻어지는 것은 아무것도 없다.

직장에서 살아남기

최근에 구조조정을 당하여 쉬고 있는 중년 가장들이 많다. 그리고 대학을 졸업하고 일자리를 찾지 못하는 젊은이들도 많다. 이런 가장이나 대졸자들을 실업자라 한다.

롯데제과에 입사해서 지금 롯데햄 대표이사 사장으로 재직하기까지 나에게도 퇴직 위험이 있었고, 입사 동기들은 벌써 자의 반 타의 반으로 회사를 떠났다. 직장생활에서 어떻게 정리해고를 당하지 않고 성공하는가 하는 것도 중요한 일이다.

그래서 40년간 롯데맨으로 살아온 나의 성공 노하우를 소개하고자 한다.

첫째, 솔선수범하는 자세다.

자신에게 주어진 일을 능숙하게 처리해야 함은 물론 공동으로 추진하는 일에 대해서도 솔선수범해야 한다. 그것은 쉬운 일이 아니다. 서로 미루거나 다른 사람이 해 주겠지 생각하기 때문이다. 회사에서 공동으로 해야 하는 일인데 지시만 하고 있으면 부하직원들이 믿어 주지 않는다. 상사도 자신의 말에 모범을 보여야 부하직원들이 수긍하고 따른다.

그런데 다른 사람에게 모범을 보인다는 것이 결코 쉽지 않다. 가장 쉬운 방법은 자기가 뱉은 말을 지키는 것이다.

둘째, 자신의 행동을 통제하고 관리하는 것이다.

인간은 사회적 동물이다. 그래서 어디를 가나 조직이 있으며 모두 이러한 조직세계에서 살아간다. 역시 조직의 목적에 부합하고 조직을 발전시키는 사람이 성공한다. 그리고 이를 위해서는 조직 구성원과 마찰이나 갈등을 일으키지 않고 조화를 이루며 화합해 나가는 방법이 필요하다.

그러려면 자신의 행동에 대해 자기 입장만 내세우지 말고 다른 조직원들의 입장이나 주장 또는 생각을 헤아려야 한다. 자기 하고 싶은 대로 내버려 두면 다른 조직원들과 마찰이나 갈등이 생길 수밖에 없다. 이를 위해 동료들이나 상사들의 입장을 충분히 이해해야 한다. 그리고 여기서부터 자신의 행동이 가져올 반응도 생각해 가면서 조심스럽게 통제하고 관리해야 한다.

셋째, 정직과 투명성을 확보하는 것이다.

거짓말도 착한 거짓말이 있고 나쁜 거짓말이 있지만, 이러한 거짓말이 착한 것인지 나쁜 것인지는 조직생활을 하면 판단기준을 알 수 있다. 이처럼 거짓말을 하지 않고 정직하게 회사생활에 임하는 것이다. 다행스럽게도 부정직하면 언젠가는 탄로가 난다. 불행스러운 것은 한 번 거짓말을 하게 되면 그 거짓말로 인해 또 다른 거짓말을 해야 하는 상황이 벌어지게 된다.

투명성 확보란 양심에 어긋나는 언행을 하지 않으며 깨끗하게 일을 처리하는 것이다. 다른 사람에게 깨끗하지 못하다고 말하기 전에, 그것이 깨끗한지 아니면 부정이 있는지는 조직원으로서 양심에 손을 얹고 생각해 보면 답이 나온다.

특히 일을 깨끗하게 처리하는 것은 직장에서 중역이 되면 더욱 중요해진다. 그만큼 활동영역이 넓어지고 잘못하면 회사에 누를 끼치게 되기 때문이다. 지금까지 나는 정직과 투명성 확보를 지키며 회사 일을 처리해 왔고, 그래서 대표이사라는 자리까지 오를 수 있었다고 생각한다.

직장생활 중 자랑할 만한 작은 일들

❖ 솔선수범, 언행일치, 자기행동 통제관리 : 도시락 미팅, 회사식당

❖ 정직과 투명성 확보 : 사장 집무실 항상 개방

❖ 근면과 근검절약 : 술과 담배, 커피도 멀리함

❖ 도전과 결단력 : 혁신과 구조조정

❖ 공사(公私) 구분 : 학연·지연·혈연 등 친인척 배제

❖ 책임은 사장에게, 책임지는 자 강한 사람 : 스스로 은퇴 결심

넷째, 도전과 결단력이다.

도전 역시 어느 조직이나 성장에 필요한 요소다. 도전정신에서 창의성이 나타나고 새롭게 도약할 수 있는 기틀을 마련할 수 있으며 계속 성장해 나갈 수 있다.

그리고 결단력으로부터 언행이 바뀌게 된다. 결단력은 결단을 하는 것이 중요한 것이 아니라 결단을 어떻게 잘 하느냐 하는 요건도 포함되어 있다. 조직을 살리기 위해 결단을 어떻게 하고 그 결단을 실행해 내는 의지 또한 중요하다.

회사는 이러한 결단의 순간이 매일 반복되며 순환된다. 결

단을 어떻게 잘 하느냐에 따라 회사의 흥망성쇠가 달려 있다. 이러한 결단을 잘 할 수 있게 판단력을 기르고 상황을 잘 파악하고 마지막으로 결단을 실행해 내야만 한다.

다섯째, 책임지는 직원이 되는 것이다.

책임감으로부터 매사 최선을 다해 일을 처리하는 습관이 생긴다. 그리고 자신에게 맡겨진 일에 대해 끝까지 책임지는 자세를 가짐으로써 직장에서 인정받고 또 위로 올라갈 수 있는 것이다.

05

가정을 화목하게 하라

Make your family happy

격려와 칭찬으로 내조해 준 아내

롯데제과에 처음 입사할 당시, 나는 신체 건강하고 군복무도 충실하게 마쳤으며 직장도 확실한 대한민국의 남아로서 부끄러울 것이 없었다. 비록 가진 것은 없었지만 여자 한 사람은 책임질 자신이 있었다.

그런데 부모님도 계시지 않고 무일푼인 나를 선뜻 사위로 삼겠다는 사람은 없었다. 그만큼 사회는 냉혹하기만 했다. 어차피 결혼을 할 거라면 일찍 하는 것이 좋겠다고 생각하여 형님들과 의논을 하니, 내 의지대로 하라고 했다.

그때 내게 천사가 다가왔다. 마산상고 시절 주산학원에서 만나 알고 지내던 여성이었다. 내가 고등학교를 졸업하고 바로 군에 입대함으로써 가까이 지낼 겨를이 없었는데, 군복무를 마치고 서울에서 직장을 구해 자취생활을 하고 있다는 소문을 듣고 나를 찾아왔다.

그녀는 고등학교 졸업과 동시에 취업이 되어 직장에 다니고 있었으며, 나도 그녀의 성격과 외모에 호감을 갖고 있었으므로 우리는 금방 가까워졌다. 그 후 두 달이 안 되어 우리는 결혼식을 올렸는데, 예물은 생략하고 혼인서약만 하는 간단한 결혼식이었다.

이 여성을 반려자로 선택하여 평생 살을 맞대고 살아야 한다는 생각을 하자 그렇게 예뻐 보일 수가 없었다. 누구나 그렇지만 나는 이 여성을 사랑했고, 그녀 역시 나를 진심으로 사랑했다.

신혼살림집은 후암동 어느 단칸방에서 시작했다. 여기서 온갖 불편과 셋방살이의 설움을 겪은 뒤 갈월동 독립된 방에 부엌이 딸린 집으로 옮겼다. 그러던 중 아내가 아기를 가져 방 두 개짜리 집으로 또 이사를 했다. 하지만 이 집에서도 한 가지 큰 문제가 있었다. 화장실을 주인집과 공동으로 사용해야 하는데 낮에는 괜찮지만 밤에는 주인집이 현관문을 잠가 버리면 화장실을 사용할 수가 없었다. 소변은 요강으로 해결했지만 가끔 배탈이 나거나 하면 여간 난감한 일이 아니었다.

셋방살이를 하면서 어서 내 집을 마련해야겠다는 생각을 했다. 1971년 첫 딸아이가 백일이 가까워 오면서 나는 아내를 설득하여 직장을 그만두게 했다. 아내는 공무원이었기 때문에 그때까지 큰 불편 없이 직장생활을 하고 있었다. 아내는 맞벌

이를 해서라도 경제적으로 빨리 자립하고 싶은 마음이었으나 내 의견을 따라주었다.

드디어 3년간의 셋방살이를 청산하고 그 해 봄에 집을 장만하였다. 그 동안 온갖 고생을 참아가며 뒷바라지를 해 준 아내에게 고마웠다. 그래도 셋방살이를 하면서 우리 부부애가 더 돈독해졌으니 지난 세월이 힘든 것만은 아니었다.

지금도 결혼식에 가 보면 주례는 신랑신부에게 이런 질문을 한다. 검은 머리 파뿌리 되도록 변치 않고 사랑하겠느냐는 것과 앞으로 온갖 어려움 속에서도 부부간의 사랑과 대의를 잃지 않겠느냐는 질문이다. 이처럼 부부가 평생을 살아가려면 처음에는 낯설지만 어느 정도 힘든 과정을 함께 겪어 나가야 한다. 그래야 서로에 대한 애정이 싹트고 그 애정을 바탕으로 평생을 살아갈 수 있는 것이다.

어려운 셋방살이를 하는 동안 나는 아내에게서 남편을 사랑하고 보살피는 천사 같은 마음을 느낄 수 있었다. 이것은 어린 시절 어머니에게서 느낀 모정과 같은 것이었다. 아내는 불평 불만하지 않고 나의 의견을 지지해 주었으며 가장인 나를 뒷바라지해 주었다. 직장에서 힘든 일이 있을 때도 아내는 나를 격려해 주고 칭찬을 아끼지 않았다.

가정 경제권을 누가 가질 것인가

어느 조직에나 리더가 있다. 그리고 그 리더 밑에 조직원들이 있다. 가정도 하나의 조직이요, 역시 리더가 있게 마련이다. 그 리더는 나이순일 수도 있고 경제를 책임지는 사람일 수도 있고 살림을 맡아 하는 사람일 수도 있다. 또 가정에서 결정할 일이 있을 때 그 결정을 책임지고 지시하는 사람일 수도 있다.

요즘은 연하 남자와 결혼하는 사례가 많아 이런 경우는 연상인 여자가 리더가 될 수도 있다. 최근 신문을 보면 여섯 가정 중 한 가정의 가장이 실업자라 한다. 이런 경우도 직접 생계를 책임지는 여성이 가정의 리더가 될 수 있다. 또 남녀평등 시대에 살고 있으니 여성의 역할이 증대되고 있는 것이 현실이다.

이러한 리더를 가정에서는 '가장'이라 한다. 가장이란 한 가정의 총책임자이자 결정권자다. 그래서 남자가 가장으로서 경제를 책임지는 경우 재정경제원장이라 하고, 여자가 살림을 맡아 하는 경우에는 내무부장관이라 표현하기도 한다. 당연히 자녀들은 국민이라 할 수 있겠다.

그런데 여기서 강조하고자 하는 것은 누가 경제를 책임지고 가정을 이끌어 나갈 것인가 하는 것이다. 하지만 보통 경제를 담당하는 사람은 가정생활에 필요한 돈을 벌어오고, 경제를 관리하는 사람은 벌어 온 돈을 가정을 위해 쓴다.

아버지가 벌어오고 어머니가 관리하는 집이 있고, 아버지가 두 역할을 다하는 집도 있다. 또 어떤 집은 어머니가 벌어오고 아버지가 관리하는 경우도 있다. 우스운 얘기로 '셔터맨' 이라는 용어가 있다. 아내는 돈을 벌고 남편은 이를 관리하며 아침 저녁으로 아내의 일터에 셔터를 올리고 내리는 역할을 한다는 뜻이다.

자본주의 사회에서는 역시 돈이 중요하다. 가정생활도 돈이 있어야 화목해지고 웃음꽃이 핀다. 하지만 돈이 모든 것을 해결해 준다는 뜻은 아니다.

그럼 이렇게 중요한 돈을 누가 관리해야 좋은가. 역시 투자나 저축 그리고 소비에 대해 잘 아는 사람이 관리하는 것이 좋다. 맞벌이 부부들은 각자 관리를 하고 있다지만, 내 생각에는 가정경제나 사회경제에 대해 잘 아는 사람이 관리하는 것이 적합하다.

요즘에는 금전 관리를 여성이 하는 경우가 많다. 가정의 재정경제원장이 아내라는 이야기다. 그래서 남편들은 아내에게 용돈을 타서 쓰며 어쩔 수 없이 비자금(?)을 만들기도 한다. 그렇더라도 역시 금전 관리는 아내가 하는 것이 좋다.

서로 존중하고 헌신하라

왜 결혼하느냐고 묻는다면 뭐라고 대답할 수 있을까? 사랑하기 때문에 같이 있고 싶어서라 할 수도 있고, 부족한 나의 반쪽을 채워 줄 사람이 필요해서라고 할 수도 있다. 또 주위의 강압에 못 이겨서, 즉 부모의 잔소리가 듣기 싫어서 하는 경우도 있다.

아무튼 결혼의 이유는 다양하다. 하지만 공통의 욕구가 있다. 그것은 가정의 행복과 가족의 성공이다. 당연히 모든 인간의 목적은 행복과 성공이라 할 수 있으며, 가정은 기본적인 조건이자 실천 도장(道場)이다.

그렇다면 가정의 행복과 가족 구성원의 성공을 위해서 어떻게 해야 할 것인가. 먼저 서로 존중해야 한다. 바깥일을 하는 아버지나 살림을 하는 어머니가 자신의 요구를 들어 주지 않는다고 대화하기를 꺼리는 자녀도 있다. 또 자녀가 자신들의 말을 듣지 않고 기대에 못 미친다고 꾸짖는 경우도 있다.

이때 필요한 것은 각자 하나의 인격체로서 존중해 주는 것이다. 자녀가 아무리 어려도 그들은 독립된 인격체다. 그들도 자신의 삶을 나름대로 설계하고 부모의 기대에 어긋나지 않기 위해 노력한다. 그래서 부모는 자신들의 기대에 미치지 못한다고 무시하고 꾸짖어서는 안 된다.

특이한 사실은 이런 부모를 자식들이 닮아간다는 것이다. 어린 시절 자신의 마음을 몰라주고 꾸짖는 부모가 싫어서 자신은 절대로 그들을 닮지 않겠다고 다짐을 해도 대물림 하듯 그 부모를 닮아 자기 자식들을 꾸짖고 무시하기도 한다.

자식들이 부모에게서 가장 싫어하는 것은 무엇일까? 그것은 금전적인 것이 아니다. 바로 가족 간의 싸움이다. 부부간의 싸움일 수도 있고 부자간·모녀간의 싸움일 수도 있고, 형제간의 싸움일 수도 있다. 다시 말하면 가정불화를 가장 싫어하는 것이다.

그럼 가정불화를 어떻게 없앨 수 있을까. 서로 존중해 주어야 한다. 존중해 준다는 것은 다른 가족들의 의견을 들어 주고 입장을 이해해 주며 자기보다 낫게 여기는 마음이다.

헌신이란 다른 사람을 위해 봉사하는 마음과 실천이다. 또한 자기 이익을 포기하고 다른 사람을 위해 양보하는 것이다.

사람에게 가장 큰 즐거움이 무엇인지 생각해 보곤 한다. 가족이 서로 존중하며 서로를 위해 헌신하는 것, 그리고 서로의 즐거움을 함께 나누는 것이지 싶다.

이렇듯 가정이 화목하면 그 효과는 말할 수 없이 크다. 그것은 자본주의의 꽃이라는 돈과도 바꿀 수 없고, 그 돈으로도 얻을 수 없는 가장 가치 있는 즐거움이다.

합리적으로 생각하라

사회생활을 하면서 간혹 "그 사람 꽉 막혔어"라는 말을 듣는다. 이것은 다른 사람들과 잘 통하지 않는다는 말이다. 이런 사람과 이야기를 하다 보면 답답하고 나중에는 짜증이 나기도 한다. 그런데 살다 보면 이런 말을 듣는 사람을 만나게 되고 또 같이 일을 하게 된다.

도대체 왜 막혔다는 말을 듣게 되는 것일까? 이유는 대개 이런 사람들은 이기적이다. 즉 자기 생각밖에 하지 않으며 다른 사람에 대한 배려가 없다.

또한 자기주장이 너무 강해서 다른 사람 말은 무시하고 자기주장을 관철시키려 한다. 이런 사람들을 어떻게 파악할 수 있는가 하면, 고집이 얼마나 센가를 보면 알 수 있다. 그들은 누가 뭐래도 자기 고집대로 하려 한다.

또한 이런 사람들은 다른 사람들의 입장이나 생각 등에 관심이 없다. 자기의 생각만 하며 다른 사람들의 살아가는 모습이나 관심사에는 눈을 돌리지 않고 자기 일에만 몰두한다.

그렇다 보니 융통성이 없는 건 당연하다. 큰 그림을 볼 수 있어야 하는데 한 면만을 전부로 생각하여 장님 코끼리 만지기를 하고 있다거나, 다른 방법을 생각하지 못하고 똑같은 방법만 주장하고 있다.

이러한 사람들은 관리자로 성공할 수 없다. 다른 사람의 사정을 헤아리지 못하는 이기적인 사람들이 어떻게 관리자로서 성공할 수 있겠는가.

가정생활도 마찬가지다. 가족 구성원 중에 어느 누구도 막혀서는 안 된다. 적어도 가족만큼은 서로 통해야 한다. 서로 말을 하지 않고 마음의 문을 닫고 있어서는 안 된다. 따라서 가족 구성원 중에 막힌 사람이 있으면 통하게 해야 한다. 이것은 가족 모두의 책임이다.

사회생활에서 막힌 것은 살다 보면 통할 수 있다. 그리고 그

책임은 본인이 져야 한다. 그러나 가족은 다르다. 가족 중에 통하지 않으면 그것은 가족 전체의 책임이다. 그럼 어떻게 통하게 할 수 있는가. 그것은 서로의 입장을 헤아려 주고 이해해 주는 것이다.

여기서 중요한 것은 합리성이다. 이 합리성은 가정을 올바로 세우는 데 절대적으로 필요한 요소이며, 나아가 사회생활을 하는 데도 없어서는 안 될 중요한 요소다. 합리적이라는 것은 앞에서 말한 것처럼 상대방의 입장을 이해해 주고 배려해 주는 마음을 갖는 것이다. 따라서 상대방을 설득할 수 있고 서로의 이익을 위해 적당한 해결책을 찾는 적절한 방법이 된다.

합리적이지 않으면 막히게 된다. 합리적이라는 것은 슬기로움이라는 요소를 내포하고 있다. 모두에게 유익한 방법은 있을 수 없지만 다수를 위한 유익한 선택은 있다. 이러한 다수를 위한 유익한 선택은 합리성에서 출발하며, 이러한 근본 요소는 슬기로움이라 표현할 수 있다.

막힌 사람은 합리적으로 생각해야 한다. 그래야 통할 수 있다. 당연히 합리적인 주장을 해야 할 뿐만 아니라 다른 사람의 주장을 받아들이는 것도 역시 합리적이어야 한다.

가정교육은 사랑과 믿음에서 출발한다

　성공의 조건은 나이에 따라 조금씩 달라진다. 젊었을 때의 성공은 경제력과 가정화목 등을 들 수 있으나, 나이가 듦에 따라 자녀의 성공이란 조건이 추가된다. 나중에 자식 농사를 어떻게 지었느냐가 성공적인 인생의 가장 중요한 조건이 되기 때문이다.

　그렇다면 어떻게 해야 자식 농사를 잘 지을 수 있는가. 가정교육은 미성년의 나이, 즉 열아홉 살까지 가정에서 이루어지는 교육을 말한다. 이 가정교육에 따라 자식은 살아가는 데 필요한 지식과 습관, 가치관, 교양 등을 배우게 되며, 이것은 그들이 성공과 행복을 이루어 나가는 데 자양분 역할을 한다.

　부모가 자식을 가르치는 것은 두말 할 것도 없이 그들을 위해서다. 자식의 성공과 행복을 위해 그들의 일거수일투족을 지켜보며 훈수를 두는 것이다.

　여기서 인간의 활동범위를 짚고 넘어가야 한다. 그것은 주로 세 가지를 통해 표현되는데, 먼저 '말하는' 것이다. 인간은 말을 통해 자신의 의사를 표현하며 서로 교통한다. 또 하나는 '행동하는' 것이다. 인간은 동물이기 때문에 움직인다. 마지막은 '생각하는' 것이다. 이 생각에 따라 운명이 결정되므로 지혜롭게 해야 한다.

여기서 가정교육은 이 세 가지 요소를 표현하는 데 기본 토대가 되며 주춧돌이 되기에 아무리 강조해도 지나치지 않는다. 이 가정교육은 사랑과 믿음에서 출발해야 한다. 부모가 자녀에게 베푸는 사랑을 아가페 사랑이라 한다.

하늘에서 천사가 어린아이를 지구로 내려보냈다. 이 아이는 혼자 지구로 간다는 것이 몹시 두려웠다. 그래서 자신의 수호천사에게 물었다. 외롭고 힘들 때 누가 도와 주느냐고. 그러자 수호천사는 명쾌하게 대답했다.

"내 대신 너를 보살펴 줄 사람이 기다리고 있단다. 그 사람은 바로 엄마란다."

이처럼 부모는 자녀에 대하여 절대적인 사랑을 가지고 있다. 이런 사랑으로 가르쳐야만 부모의 사랑을 깨닫고 훌륭한 사람으로 사회인으로 성장할 수 있다. 이와 같이 가정에 사랑이 가득 차야 한다. 사랑은 전파성(傳播性)이 있다. 가정교육을 통해 사랑을 받고 있다는 것을 알면 그들은 다른 사람들에게 사랑을 퍼뜨린다.

또 한 가지 가정교육에서 중요한 것은 부모와 자녀 사이의

‘믿음’이다. 이 믿음은 부모와 자녀 간에 사랑이 있을 때 가능하다. 그래서 부모와 자녀 사이에는 거짓이 없어야 하며 서로 신용을 지켜야 한다.

이 믿음이 깨질 때 가정의 불행이 시작된다. 부부관계에서도 서로에 대한 믿음, 부모와 자녀 사이에서도 서로에 대한 믿음, 형제자매 관계에서도 서로에 대한 믿음, 이것은 가정교육을 성공적으로 할 수 있는 첫걸음이며, 가정에 웃음꽃을 활짝 피울 수 있는 마법을 일으키는 알라딘의 요술램프 같은 보물이다.

과감한 결단이 성공을 불러온다

06

Success comes from daring decision

자신의 가치를 높이는 일에 투자하라

"경쟁사회에서 살아남기 위해서는 개인의 실력보다 강한 무기는 없다."

이 말은 내가 평생 신념처럼 간직하며 스스로를 채찍질해 온 좌우명 같은 것이다. 고졸 학력으로 대기업 말단사원에서 대표이사 자리에 오르기까지 얼마나 많은 편견과 얼마나 높은 세상의 벽을 느꼈겠는가. 그때마다 나는 이 말을 되새기며 실력을 쌓아 나갔고, 정정당당하게 경쟁에서 이길 수 있었다.

고등학교를 졸업하고 입대한 나는 군대생활이 무척 행복했다. 왜냐하면 군대에서는 끼니 걱정이나 잠잘 곳 걱정을 하지 않아도 되었기 때문이다. 그리고 고학을 하던 학창시절과 달리 마음 놓고 책을 읽을 수 있어 좋았다. 그런데 제대 날짜가 다가오자 생활전선에 뛰어들 생각을 하니 막막하기만 했다. 당장 먹고 사는 일을 해결해야 할 처지였으니 대학 진학은 내게 너무나 사치스런 꿈이었다. 결국 취업을 해야겠다고 결심하고 자투리 시간에 취업 공부에 여념이 없었다.

제대 후 롯데제과 경리부에 입사한 나는 정말 열심히 일했다. 무엇보다 생존의 문제가 걸려 있었기에 다른 곳에 한눈 팔여유가 없었다. 그런데 월급날만 되면 갈등이 생겼다. 대졸 직원들이 서너 시간 걸려야 하는 일을 나는 한 시간이면 끝내고 또 다른 일을 찾아서 했지만 월급은 대졸사원의 60~70% 수준밖에 안 되었다. 이때 학력에 대한 격차를 뼈저리게 느낀 나는 더욱 마음을 다잡을 수밖에 없었다. 경쟁상대는 남이 아니라 바로 나 자신이라 생각하고 퇴근 후 회계학원을 다니면서 누구에게도 뒤지지 않는 실력을 쌓아 나갔다.

그 후 영업부에 근무할 때는 대학에서 도둑 강의로 들은 조직관리론과 마케팅이론을 바탕으로 영업현장의 실상을 하나하나 챙기면서 모든 현안을 즉시 처리하는 체제로 전환시켜 나갔다. 그리고 아이스크림 판매부장을 맡았을 때는 막막했지만 다시 한 번 각오를 다졌다. 아무리 힘들고 어렵다 해도 과거의 어려움보다는 덜할 것이라 생각하고 반드시 극복해 낼 자신이 있었다. 나는 경원대학교 대학원 기업경영학과에 등록을 하고 일 년간 열심히 강의를 들으면서 광고와 마케팅 과목을 중점적으로 파고들었다. 그 결과 아이스크림 판매를 담당한 지 2년 만에 모두 불가능하다고 여겼던 업계 3위에서 당당히 1위로 올라섰다.

모든 것은 절대 우연이 아니었다. 나는 자신의 가치를 높이기 위해 부단히 노력했으며, 노력한 만큼 성취감과 성공을 거두었다.

요즘은 '자기계발'이 생활문화의 트렌드로 자리잡고 있다. 나날이 치열해지는 생존경쟁에서 살아남기 위해, 또 경쟁적 우위를 확보하기 위해 자기계발을 하지 않으면 안 된다.

자기계발의 정의는 간단하게 말하면 자아의 끊임없는 확대 실현이라 할 수 있다. 자신의 잠재적 가능성과 능력을 현실화시키는 것, 그리고 자신의 인식을 확장하고 삶의 방식을 개선하는 것이 자기계발이다.

자기계발에 의한 자아의 확대 실현, 이를 고전적으로 표현하면 소아(小我)에서 대아(大我)로 자신을 발달시키는 것이다. 인식의 확장이든 삶의 방식의 개선에서든, 그만큼 생각이 커지고 사람이 커진다는 의미다.

소아에서 대아로 발달해 간다는 것은 이기적이고 자기중심적인 사고방식을 고집하는 만큼 사람은 작아지고 그것으로부터 탈출하는 만큼 사고가 커지고 사람이 커진다. 그러니까 사

람이 커진다는 것은 자신의 욕망에 세상을 집어넣는 것이 아
니라, 세상의 요구를 향해서 자신을 열어가는 것이다. 세상을
향해 자신을 열어가고 세상과 소통하는 것, 그것이 자기계발
의 본래적 의미다.

기업의 원천은 인재, 인재에 투자하라

사람에게는 저마다 소중한 것이 있다. 학창시절에는 자신의
자아를 눈뜨게 하고 성숙시켜 주는 책이나 친구일 수도 있고,
결혼을 해서 가장이 되면 가정을 꾸려 나가기 위한 돈이, 그리
고 중년이 되면 건강이 가장 소중해진다. 노년이 되면 명예나
집안의 화목이 될 수도 있다. 여기에 공통적으로 필요한 것은
'돈'이라 해도 과언이 아니다.

그렇다면 '돈이 가장 중요한가' 라는 우문이 생긴다. 결론은
'아니다' 이다. 가장 중요한 것은 역시 사람이다. 바로 사람이
자본을 만들고 유통시키기도 하기 때문이다. 어떤 사람들은
돈만 있으면 모든 것이 오케이라는 사고방식을 가지고 있다.
그러나 돈으로 할 수 없는 것도 많다.

예를 들면 사람의 마음을 끄는 것이다. 아무리 돈으로 사람의 마음을 끌려고 해도 안 되는 경우가 있다. 이처럼 세상에서 가장 중요한 것이 사람이다. 가정에서는 가장의 역할을 성실하게 하는 사람, 정치에서는 국민들이 잘 살도록 정책을 입안하고 교육하는 지도자, 경제에서는 상품을 생산하고 직원들의 삶이 윤택해지도록 수익을 창출하는 데 노력하는 CEO, 종교에서는 사람들을 구원하고 안락한 세상으로 인도하는 지도자, 이같이 사람들이 사회를 이끌어 나가고 한 국가의 장래를 좌지우지하며, 좁게는 가정의 장래를 결정한다.

특히 기업에서의 사람은 기업의 생존에 막대한 영향을 미친다. 그 동안 나는 롯데삼강 대표이사, 부산롯데호텔 대표이사를 거쳐 롯데햄 대표이사로 있는 동안 나만의 경영방법을 발휘했다.

그것은 정상적으로 자재를 구입하고 정상적으로 생산하고 정상적으로 판매하는 원리다. 나는 이것을 경영의 3정상(正常), 즉 경영의 Three Partism이라 명명하였다. 이 방법은 경영 전반에 걸쳐 적용할 수 있다. 기업의 운영 방법을 말할 수도 있으며, 한 발 더 나아가 경영측면에서도 훌륭하게 적용시킬 수 있는 나만의 기법이다.

기업에서 인재를 키우는 방법도 마찬가지로 이 원리를 적용

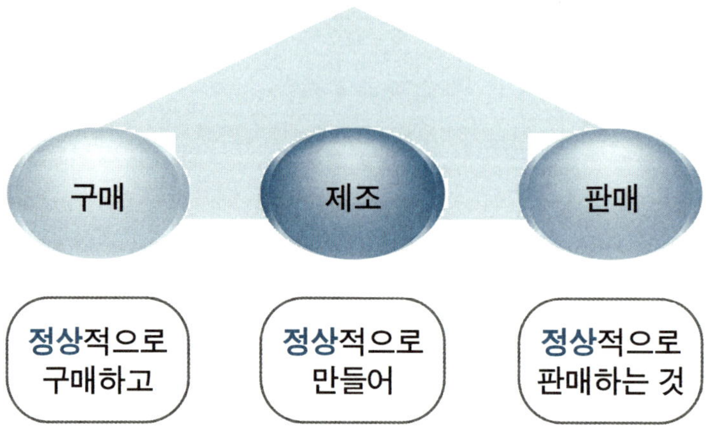

▶ **도형의 가장 기초**
점과 점을 연결하면 선이 되고
선과 선이 연결되면 면이 된다
모든 도형의 기초는 삼각형이다

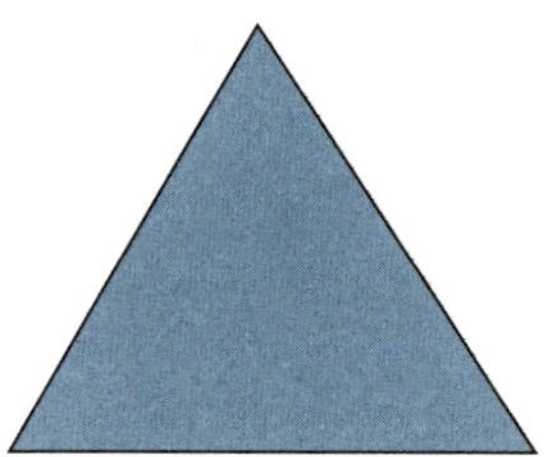

▶ **나만의 Know-how : 모든 사물을 삼각관계와 연계시키는 개념**
폭이 넓고 깊어져 사물을 보는 시야가 넓어지며 다른 사람이 보지 못하는 지혜가 생김

할 수 있다. 먼저 직원을 채용할 때 투명하게 정상적으로 입사시키고, 그 다음 직원들을 적성과 소질에 따라 적합한 부서에 배치하여 생산성을 향상시키고, 이러한 직원들이 만들어 낸 성과를 판매하는 것이다.

여기서 주의해야 할 것은, 그 과정에서 언제나 어디서나 투명해야 한다는 것이다. 그래야 서로 오해의 소지가 없기 때문이다. 인재를 키우는 방법도 이러한 경영의 3정상, 즉 Three Partism을 적용할 수 있다. 먼저 인재를 키우는 데 투자를 한다. 이것은 인재에게 필요한 기술과 지식을 습득하게 하는 것이다. 그리고 습득한 지식과 기술을 바탕으로 생산활동을 하게 한다. 그런 다음 그들이 생산한 것을 시장에 출시하는 것이다.

기업을 이끌어 나가는 가장 중요한 핵심은 사람이다. 사람이 자재를 구입하고, 사람이 시장 상황에 맞게 생산해 내며, 그것을 영업사원들이 고객에게 판매하는 것이다. 바로 사람의 집단을 기업이라 할 수 있다.

그래서 기업에서는 사람에게 투자하고 발전시키기 위해 노력해야 한다. 그리고 방법면에 있어서는 구매·생산·판매 Three Partism을 적용하면 되는 것이다.

Three Partism은 여러 가지 상황에 적용할 수 있다. 기업이 이익을 내는 데는 고객·기업·협력업체가 잘 조화를 이루어야 한다. 기업이 존재하는 것은 불특정 다수의 고객과 경영이라는 도구를 사용하여 능력을 발휘하는 기업과 서로를 믿고 존중하는 협력업체가 있다.

이렇게 세 파트가 순조롭게 돌아가면 기업은 큰 성과를 이루게 된다. 고객과 협력업체 그리고 기업이 정상적으로 회전하고, 경영이 건실하게 운영되며, 한두 개 점만으로는 정확성과 중심점을 잡을 수가 없듯이 세 파트가 원활하게 정상적으로 자기 역할을 한다면 기업 입장에서는 경쟁력이 생기고 이익도 창출된다.

기업의 인재 양성도 이처럼 세 파트로 나누어서 생각해 보면 가장 효과적인 적절한 대안이 나올 것이다.

미래를 보고 투자하라

세상에는 알 수 없는 것들이 수없이 많지만 그 중에서도 정말 알 수 없는 것은 바로 자신의 운명이다. 알렉산더대왕이 동방을 정벌할 때 말라리아에 걸려 병사할 것을 미리 알았다면 분명 운명이 바뀌었을 것이다. 그리고 세계 제2차대전을 일으킨 히틀러가 전쟁에 패할 줄 미리 알았더라면 비운의 운명을 피할 수도 있었을 것이다. 이처럼 자신의 운명이나 사건이 어떻게 전개될지 모르기 때문에 비참하게 결말을 내린 역사 속의 영웅들이 많다.

운명을 알기 위한 인간의 노력도 무수히 많았다. 그것은 역사적인 기록이나 책으로 그리고 기술로 지금까지 이어져 오고 있다. 그래서 점성술이나 주역, 토정비결, 타로점 등이 등장했으며 많은 사람들이 자신의 미래를 알아보기 위해 기꺼이 투자를 한다.

하지만 우리는 자신의 미래를 정확하게 알지 못한다. 가령 60%만 정확하게 예견하는 점쟁이가 있다면 그는 용하다고 소문이 날 것이다. 이처럼 인간의 운명에 대해서 누구도 예측할 수 없다는 것이 인간의 한계다. 이 한계를 뛰어넘으려는 인간의 노력에 묘미가 있다고 할 수 있다.

현재 우리 사회에는 부동산, 주식, 펀드 등에 투자하는 재테크 열풍이 불고 있다. 그 가운데 부동산 이야기를 하자면, 어느 지역이 개발될 것이라는 정보를 알기만 한다면 그야말로 순식간에 갑부가 될 것이다. 주식 투자 역시 마찬가지다. 어느 주식이 오르고 내릴지를 예측할 수 있다면 큰돈을 벌 수 있을 것이다.

정말 미래를 안다면 사회는 어떻게 될까? 재미있기도 하지만 어떻게 보면 불행한 사회가 될 수도 있다. 불행 중 다행인지는 몰라도 인간은 이처럼 자신의 운명이나 앞으로 벌어질 사건에 대해서 알 수가 없다.

현대사회에서 필요한 인재는 창의적인 사람이다. 창의성은 새로운 기술이나 지식을 창조하고 새로운 상품을 만들어 내기도 한다. 이 창의성을 갖는다는 것은 쉬운 일이 아니지만, 미래를 어느 정도 인식할 수 있다면 함께 터득할 수 있는 인간의 능력이다. 미래를 아는 능력은 그래서 매우 중요한 인간의 능력이다.

우리 역사를 보면 한민족의 미래를 예견하고 올바로 이끌어나가려 한 지도자가 많았다. 우리는 이러한 지도자들을 선구자 또는 선각자라 한다. 이 지도자들은 사회의 흐름이나 국제적인 흐름을 판단하고 사회를 예견할 수 있었다.

투자하는 데 가장 중요한 것 역시 미래를 파악하는 것이다. 한 마디로 선견지명을 갖는 것이다. 투자란 어떻게 보면 미래에 어떤 결과를 가져올 것인가에 대한 현재의 가치 부여라 할 수 있다.

따라서 미래를 모르고 투자한다는 것은 위험하다. 그래서 미래를 연구하느라 학자들은 밤을 새우고 운명학자들 역시 노력한다. 부동산 투자에서 돈을 벌 수 있는 가장 좋은 수단은 정보를 미리 아는 것이다. 주식 투자도 역시 정보에 민감해야 한다.

투자하기 위해서는 미래를 정확하게 예측하거나 알기보다는 인간의 노력으로 어느 정도 가능한 수준까지만 예측하는 것이 필요하다. 이러한 재테크를 위한 투자도 물론이거니와 사람에게 투자하는 것도 마찬가지다. 그 사람의 장래성을 보고 투자해야 한다.

문제는 어느 정도까지 예측하느냐는 것이다. 이에 대한 답변은, 나의 경우를 보자면 자신의 경험이 가장 중요하다 하겠다. 경험을 통해서 미래를 예측하는 것이다.

사람도 자주 만나게 되면 그 사람에 대해서 파악할 수 있고 지금 그 사람이 무엇을 하고 있을 거라는 짐작을 할 수 있다. 일에 대한 투자 역시 마찬가지다. 그 방면에 대해 오랫동안 연구하고 일을 하다 보면 앞으로 일이 어떻게 전개될지 머릿속에 그려볼 수 있다.

미래를 인간의 수준에서 예측할 수 있는 것은 과거의 역사를 보는 것이다. 주식의 경우를 예로 들면, 과거 그 주식의 주가 변동 내역이다. 이처럼 경험을 통해서 미래를 예측할 수 있고 나아가 과거의 진행 추이를 면밀하게 분석하여 미래를 파악하는 것이다. 그리고 이러한 미래를 어느 정도 예측하면 투자 방법이나 방향이 정해진다.

과감한 결단이 성공을 불러온다

나는 1997년 9월 롯데삼강 대표이사 전무로 인사발령을 받았다. 그런데 막상 롯데삼강에 가서 보니 재무상태가 부도 일보직전이었다. 어떻게 롯데그룹에 이런 계열사가 있는가 하는 의문이 들 정도였다.

샐러리맨이라면 누구나 대표이사 자리에 오르는 것이 꿈일 것이다. 그런데 곧 무너져 버릴 위기에 놓인 회사의 수장 자리를 누가 맡으려 하겠는가. 나는 이곳을 마지막 직장이라 생각하고 반드시 이 회사를 정상화시켜야겠다고 마음속으로 다짐하고 또 다짐했다.

롯데삼강을 회생시키기 위해서는 특유의 결단과 카리스마가 필요했다. 먼저 회사 현황을 분석하는 것으로 나의 임무는 시작되었다. 그 후 내린 첫 결단은 본사를 공장으로 이전하는 것이었다. 공장부서 간부들이 사장의 결재를 받기 위해 하루에도 몇 번씩 셔틀버스를 타고 공장과 본사를 오가며 시간을 낭비하고 있었고, 무엇보다 조직을 장악할 수가 없어 업무 지휘감독을 직접 할 수 없었다.

1997년 12월, 영하 20도를 오르내리는 한겨울에 사장실과 관리본부, 영업본부를 공장으로 옮겼다. 기존 임원진과 간부들은 극구 반대하였으나 나는 강행하였다. 지금까지의 관행이나 관리방침을 송두리째 바꾸겠다는 나의 일대 혁신을 보여 주고 일의 능률을 올리기 위해서였다. 그리고 결연한 의지로 공간이 없으면 기존 책상과 의자를 창고에 넣어 두고 긴 사무용 탁자를 사서 양쪽에 앉아 일을 하도록 했다.

그 후 612가지가 되는 품목의 채산성을 분석했다. 가장 문제가 되는 것은 음료사업부문으로, 이 부문은 아예 정리하기로 결심하고 순차적으로 품목 수를 줄이면서 아울러 인원 감축도 단행했다.

이어 빙과류에서도 4개 품목을 축소했고, 유지부문에서는 오히려 4개 품목을 추가로 개발했으며, 기타 식품부문은 261개 품목에서 124개로 52%를 감축했다. 이익이 나지 않는 품목을 과감히 없애다 보니 자연히 잉여 인력이 생겨 727명을 감원할 수밖에 없었다.

구 분	1997년	1998년	1999년	2000년	2001년
1. 자산	1,656억	1,778억	1,742억	1,814억	1,943억
2. 부채	1,596억	1,115억	908억	776억	663억
3. 부채비율	2,692%	168%	109%	75%	51.8%
4. 자기자본	59억	663억	833억	1,038억	1,280억
5. 차입금	1,271억	673억	236억	예금 96억	예금 209억
6. 매출액	2,661억	2,541억	2,559억	2,505억	2,707억
7. 원가율	68.3%	66.5%	64.3%	62.2%	64.1%
8. 판매관리비	695억	572억	623억	601억	640.5억
9. 영업이익	147억	279억	289억	346억	330억
10. 영업외 비용	261억	209억	90억	64억	49억
11. 지급이자	155억	163억	54억	30억	25억
12. 당기순이익	93억(결손)	133억	162억	221억	241억
13. 인력 (인건비)	1,926명 (311억)	1,199명 (188억)	1,060명 (178억)	1,060명 (198억)	1,008명 (203억)
14. 인당 생산성/년	1.38억	2.12억	2.41억	2.36억	2.69억

그 결과 외환위기가 한참 극에 달한 1998년에 전년도 93억 원이라는 적자를 134억 원의 흑자로 바꾸는 데 성공했다. 1999년도에도 비용절감과 재무구조 혁신에 매진하였다. 그 결과 부채비율이 109%로 낮아져 99년에는 232억 원, 2000년에는 318억 원의 경상이익을 실현시키는 엄청난 결과를 올리게 되었다.

이처럼 나는 언제나 일에 관한 한 거듭해서 궁리를 한다. 다음 목표를 설정하고 그 목표를 달성하기 위해 어떠한 어려움도 반드시 극복하고 목적에 부합하는 결과를 일구어 낸다. 결단을 내리고 의도한 결과를 얻기 위해서는 어렵고 힘든 길과 장애물을 이겨내야 한다. 그러나 기업의 최고의사결정권자는 이러한 결단을 내려 성공적인 결과를 이룩하여야 한다.

부실한 롯데삼강을 기사회생시킨 자부심과 성취감과 함께 그 동안의 어려움에 대한 보상이 주어졌다. 1999년 2월 대표이사 부사장으로 승진하는 영광을 안게 된 것이다.

우리는 살아가면서 결단하고 선택해야 하는 순간을 맞는다, 이 결단과 선택의 차이점은 선택이 필요불가결한 것이라면 결단은 하지 않아도 되는 것이다. 두 가지 공통점은 이러한 판단이 자신의 장래나 회사의 운명을 결정할 수도 있다는 것이다.

부실한 롯데삼강을 기사회생시킨 자부심과 성취감과 함께 그 동안의 어려움에 대한 보상이 주어졌다.

결단을 잘못 내리면 자신은 물론 타인에게까지 손해를 끼치게 된다. 그러므로 항상 올바른 결단을 내리기 위해 준비하고 궁구(窮究)하는 노력이 필요하다.

사람관계에 투자하라

누구에게나 삶의 길에는 힘든 여정이 있다. 그 시기가 언제인가가 다를 뿐이다. 어떤 사람은 어려서 조실부모하고 힘겨운 시기를 보내는 사람이 있는가 하면, 중년에 돈도 있고 가정도 있는데 건강이 좋지 않아 그 동안의 노력과 인내가 수포로 돌아가는 사람도 있다. 노년 역시 마찬가지다. 성공한 사람으로 인정받더라도 노년에 인생의 폭풍을 맞는 사람을 주위에서 많이 보아 왔다.

이처럼 누구에게나 어려운 시기가 있다. 다만 이 어려운 시기를 어떻게 슬기롭게 헤쳐 나가느냐가 관건이다. 어려움을 당하여 어떤 사람은 실패한 인생을 살아가기도 하고, 어떤 사람은 이를 극복하고 더 알차고 성공적인 삶을 살아가기도 한다.

그렇다면 이 인생의 파도를 어떻게 슬기롭게 헤쳐 나가야 할까? 사람에 따라 다르지만, 각자에게 문제를 해결하는 열쇠가 있다. 그 동안 어떤 사람과 가까이 지냈느냐에 따라 이 문제가 해결되기도 하고 인생이 꼬이기도 하는 것이다.

주위에 어떤 사람이 있느냐가 인생에서 성공의 커다란 조건이 될 수 있다. 나의 경우에도 롯데에서 퇴직의 어려움이 있었고, 직장생활에 종지부를 찍을 뻔한 일이 여러 번 있었다. 그때마다 나는 주위 사람을 찾아가 나의 진로에 대해 현명한 답을 구하였고, 그들은 나에게 길을 안내해 주었다. 이들은 성공한 사람들이기도 하고 사회적으로 저명한 사람들이었다. 그들은 인생에 대한 폭넓은 탁견으로 내게 어려움을 해결할 방법을 제시해 주었다.

이같이 사람을 폭넓게 사귀어 두면 고난을 당했을 때 넓은 길로 갈 수 있는 방법을 찾을 수 있다. 내가 지금까지 직장생활을 하면서 보관해 온 두 가지 큰 재산이 있다.

하나는 나의 월급명세서다. 이것을 소중하게 여기며 보관해 온 이유는 직장에서의 노력과 수고가 월급명세서에 나타나 있기 때문이다. 월급이 올랐을 때는 나의 노력을 인정받고 승진하게 된 경우다. 그래서 나는 신입사원 첫 월급명세서부터 지금 롯데햄 대표이사의 월급명세서까지 보관하고 있다. 한 달 동안 흘린 땀과 노력의 결정체가 바로 월급명세서다. 이것을

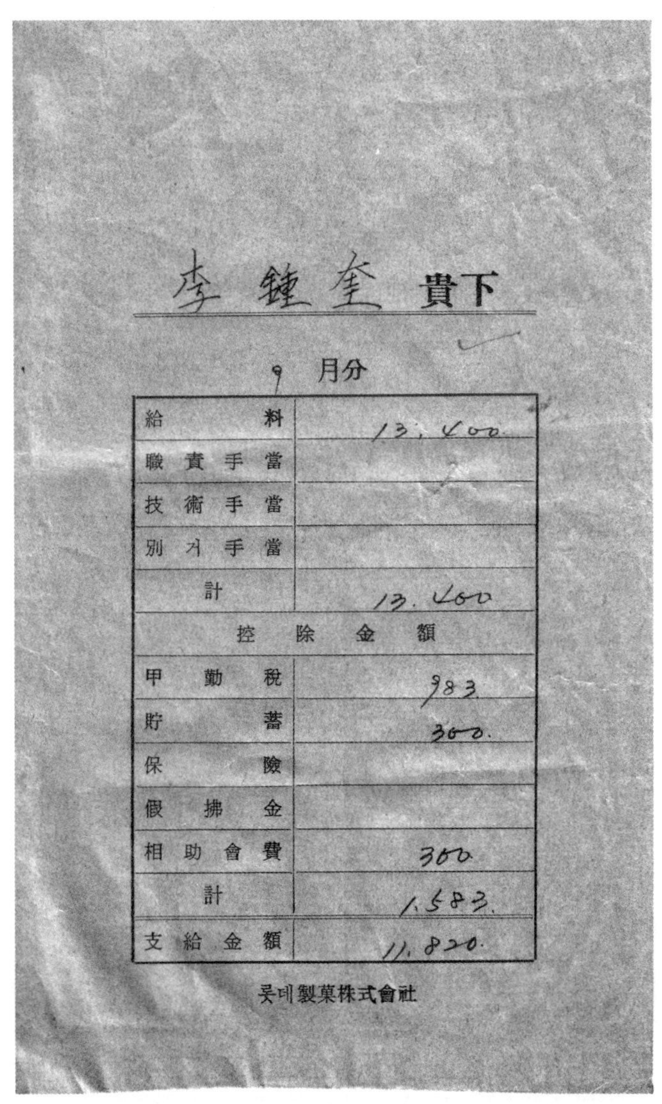

롯데제과에 입사해서 처음 받은 월급명세서. 이것은 한 달 동안 흘린 땀과 노력의 결정체다.

보관하는 것은 자신의 발자취와 노력을 보관하는 것이다.

또 보관하고 있는 것은 사람들의 직장과 주소와 이름, 전화 번호가 새겨진 명함이다. 나는 사회생활 초년시절부터 지금의 대표이사에 오르기까지 만난 사람들의 명함을 다 보관하고 있다. 그리고 필요할 때는 그들에게 전화를 하기도 하고 찾아가서 대화를 하기도 하며 지금까지 관계를 유지하고 있다. 이처럼 나는 사람들과의 인연을 아름답고 기쁘게 간직하고 있는 것이다.

명함도 시기별로 모아 두었기 때문에 언제 누구를 만났으며 지금 이 사람은 무엇을 하고 있는가를 알 수 있다. 그 당시에는 같은 처지의 직원이나 낮은 직급이었으나 지금은 크게 성공한 이들도 많다.

나는 그 명함들을 보면서 그들의 변화를 확인하고 또한 그들의 성공요인을 분석해 보기도 한다. 그리고 직장생활에서의 성공 노하우를 터득하여 내가 필요할 때 자료로 쓰기도 한다.

나는 사회생활을 시작하면서 부터 알고 지내 온 사람들과 계속 관계를 유지해 오고 있다. 처음에는 사람들을 만나 아는 것으로 만족했으나, 지금은 나의 가장 큰 자산이다. 내가 가지고 있는 명함의 주인들은 다양한 방면의 인사들이다. 그래서

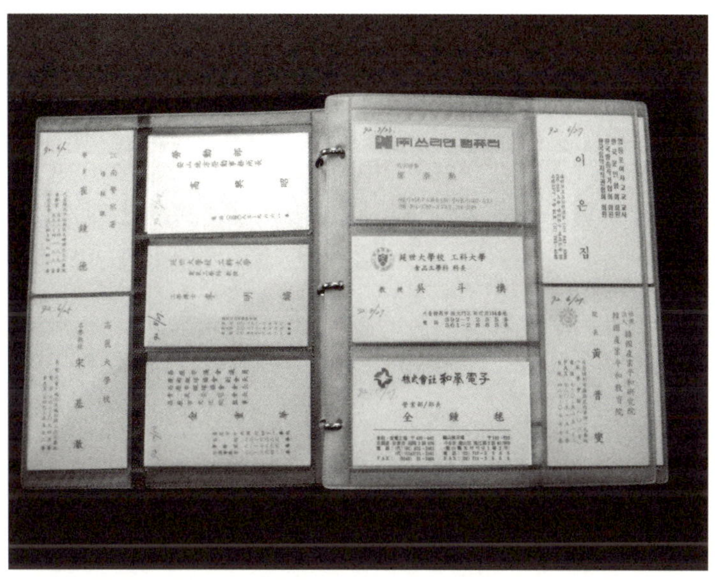

사회생활 초년시절부터 지금까지 만난 사람들의 명함을 다 보관하고 있다.
이것은 나의 가장 큰 자산이다.

내가 어떤 도움이 필요할 때 그들에게 미리 알리고 도움을 청하면 전혀 모르는 분야까지도 친절하게 가르쳐 준다.

내가 고졸 출신으로 대기업 대표이사에 오르기까지 성공 비결을 이야기하자면, 이처럼 사람관계를 소중하게 생각하고 처음 인연을 지속적으로 유지한 것이다. 이것은 나의 가장 큰 장점으로 역시 큰 보답이 되어 돌아왔다.

사람관계에 투자하는 것은 쉬운 일이 아니다. 모습도 성격도 가지각색이기 때문이다. 그러나 사람을 한 번 만나면 이름이나 직장 그리고 얼굴을 기억해 두고 다음에 만났을 때 이것을 상기시켜 주면 그 사람도 나에게 관심을 가지고 다가온다.

사람관계에 투자하는 것은 기업을 운영하는 CEO는 물론 사회생활을 하는 모든 사람에게 성공으로 가는 중요한 지름길인 것이다.

07

보이지 않는 음지를 보라

정직하고 투명하게 하라

보이지 않는 음지를 보라

다른 사람이 볼 수 없는 것을 찾아내라

자신에 대한 믿음과 신념이 강해야 한다

Look after the underdogs not
noticed by others

정직하고 투명하게 하라

우리 집 가훈은 '정직과 성실 그리고 창의적인 사람이 되자' 이다. 이 가훈을 50여 년 전에 정하고 지금까지 지켜오고 있다.

정직이란 맡은 바 일에 최선을 다하여 그 일에 대해 바르게 말하는 것이며, 성실이란 자신의 일에 충실하고 약속을 잘 지키는 것이다. 회사에서도 정직과 성실이 기본이 되어야 한다. 그래야만 사람들의 신뢰를 얻을 수 있다. 창의적이란 현실에 안주하지 않고 항상 발전과 개선을 지향하는 것이다.

세 가지 요소, 즉 정직과 성실 그리고 창의성은 우리 가족이 지금까지 즐겁고 보람 있는 화목한 가정이 되게 해 온 원동력이다.

나는 좌우명도 가지고 있다. '나의 행동이 나 이외의 어떤 사람에게도 해나 악이 되지 않는 삶을 살자.' 이것은 다른 사람에게 도움이 되고 무엇인가 보탬이 되는 삶을 살아가자는 것이다.

나는 지금까지 신앙을 가지고 있지는 않다. 하지만 신앙에 대해서 깊이 생각하며 좋은 점을 받아들이려고 노력하면서 살고 있다.

나의 좌우명은 불교용어로는 '자타불이(自他不二)'의 삶이라 할 수 있다. 내가 소중한 것처럼 다른 사람도 소중하기 때문에, 나의 이익을 위해서 다른 사람에게 해나 악이 되지 않게 행동하는 것이다. 깊이 나아가면 내가 곧 타인이고 타인이 곧 나라는 생각의 표현이다.

인간은 혼자서는 살아갈 수 없다. 서로 어울려 도와가면서 살아가야 한다. 그리고 더불어 살아가야 하므로 자신의 이익만 추구할 수 없다. 자신의 이익만 내세우면 상대방은 그만큼 손해를 보게 된다.

여기서 양보정신이 나온다. 나의 이익을 우선하지 않고 상대방의 이익을 먼저 앞세우기 때문이다. 조금만 양보하면 갈등이나 문제를 해소할 수 있다. 좀더 나아가면 예수의 말씀대로 '내 이웃을 내 몸같이 사랑하는' 삶이다. 상대방을 나라고 생각하므로 내가 얻고 싶은 것을 상대방을 위해 양보하는 것이다. 그리고 내가 싫어하는 행동을 상대방이 좋아할 리 없기에 그러한 행동을 하지 않는다.

사람들이 이와 같이 생각하고 실천한다면 세상은 틀림없이 더 아름다워지고 살기 좋아질 것이다. 그리고 사회문제도 대부분 쉽게 해소될 것이다. 세상은 서로의 이익을 위해 갈등이 생기고 문제가 발생한다.

또한 나의 좌우명을 유교적으로 해석하면 '인(仁)의 실천'이라 할 수 있다. 이것은 다른 사람들이 나에게 해나 악을 끼친다면 어떻게 할 것인가에 대한 대답이다. 그것은 어질게 대하고 참는 것이다. 여기서 주의할 것은 어질다고 해서 다른 사람들의 잘못을 그냥 참는다는 것은 아니다. 다른 사람의 잘못에 대해서 알고 있지만 너그럽게 용서하는 자세를 의미한다.

나는 이 좌우명대로 살려고 부단히 노력해 왔다. 이것을 나의 이익을 위해서나 처세술이라고 할 수도 있지만, 나에게는 큰 가르침이자 지고(至高)의 가치요 존재 이유다. 또한 내가 세상을 살아가면서 느끼고 나의 행동을 결정해야 할 때 올바른 결단을 내리게 해 주는 가장 순수하고도 아름다운 나의 의지의 표현이라 할 수 있다.

보이지 않는 음지를 보라

한 번은 서울여자상업고등학교에서 전교생 1,000여 명에게 강의를 한 적이 있다. 우리 사회가 대학을 나와야 인정을 해주는 터라 대학 진학의 꿈을 접은 채 단지 상업학교에 다닌다는 사실만으로 다른 인문계 고등학교 학생들에게 위축감을 느끼고 있다는 것을 알고, 바쁜 시간을 쪼개어 그들에게 꿈과 비전을 가지고 과감하게 도전하라고 말해 주는 것이 나로서는 그들에 대한 봉사라 생각하고 강의를 했다.

이때 나는 최종학력이 마산상고라는 말과 함께 사회생활에서 필요한 자격증 획득과 자세, 그리고 자기만의 특기를 연마할 것을 거듭 강조하면서 환경을 탓하지 말고 자신이 하고 싶은 일, 할 수 있는 일에 성실하게 열정적으로 임하면 반드시 성공할 수 있다는 사실과 내가 직장에서 겪은 일들을 전해 주었다.

그런데 얼마 안 있어 이 학교 학생 300여 명으로부터 편지를 받았다. 자신들에게 특별히 강의해 준 나에게 고맙다는 뜻에서 편지를 보내 온 것이다. 그들의 편지를 일일이 읽으면서 그들의 꿈과 희망을 알게 되었고, 한편으로는 그들의 좌절과 실망도 읽을 수 있었다. 나는 강의료는 물론 어떤 반대급부도 기대하지 않고 시간을 내어 강의를 해 준 것인데, 그들은 그런 나에게 무척 고마워했다. 이것은 내가 사회생활을 하면서 느끼는 가장 큰 기쁨이자 보람이다.

우리 주위에는 도움을 필요로 하는 사람들이 많다. 그건 사회에 음지가 많다는 것이다. 이러한 음지를 볼 수 있어야 한다. 성공하기 위해 능력을 갖고 있는 것도 좋다. 그러나 능력을 갖고 성공했다고 해서 사람들이 항상 그들의 좋은 면만 바라보고 있지는 않다. 여기에 더욱 추가해야 할 것은 인간적인 면모다.

이 인간적인 면모가 성공을 더욱 빛내고 가치 있게 해 준다. 그리고 이러한 인간적인 면모는 자신의 인생을 더욱 풍요롭게 하며 아름답게 해 주고 인생의 기쁨을 만끽할 수 있게 해 주는 특효약이다.

어떤 사람은 이러한 사회의 음지를 보살펴 주려는 것에 대해 값싼 동정이라 말하기도 한다. 이 이야기는 유리한 위치에 있으면서 다른 사람의 어려움을 단순하게 자신의 기쁨을 위해 동정하는 것이라는 뜻일 것이다. 이렇게 되지 않으려면 자신도 음지의 사람들과 같은 처지에 있어야 하고 그 사람들의 어려움을 깊이 인식해야 한다.

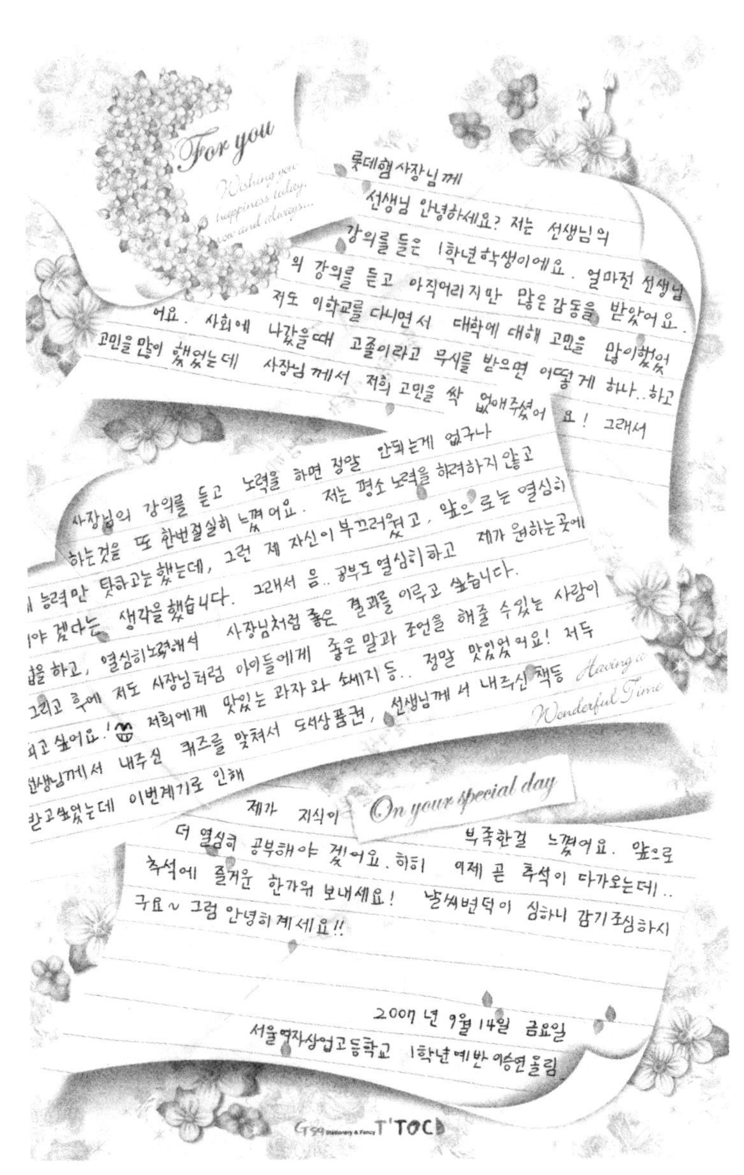

서울여자상업고등학교 학생들이 보낸 편지를 읽으며 그들의 꿈과 희망, 좌절과 실망을 알게 되었다.

또한 그들이 도움을 거부할 수도 있다. 그러나 그들에 대한 두 가지 자세만 갖추고 있다면 문제될 것이 없다.

먼저 마음자세다. 음지를 살피고 도움을 주려는 마음은 결코 자신을 위한 자세가 아니다. 그 다음에는 구체적인 행동이다. 마음만으로 그들을 보는 것은 부족하고 구체적으로 도와주어야 한다.

이처럼 음지 사람들에 대한 관심과 그들을 돕는 행위는 성공을 더욱 빛나게 해 준다. 그리고 이들을 돕는 마음과 행동으로 인해 세상은 더욱 아름다워지고 살기 좋아지게 될 것이다.

결국 이것은 자신의 인생을 풍요롭게 하며, 자신의 발전이나 계발에도 큰 도움이 되는 것이다.

다른 사람이 볼 수 없는 것을 찾아내라

옷을 사러 갈 때 꼭 함께 가고 싶은 친구가 있다. 그 친구가 옷을 골라 주면 실패하지 않기 때문이다. 이런 친구는 옷을 보는 눈이 있고 감각이 있어 큰 환영을 받는다.

가족간에도 이런 일이 있다. 딸아이에게 남자친구가 생겼는

데 제 엄마가 몹시 궁금해하며 보고 싶어했다. 그러자 날을 잡아 딸이 남자친구를 엄마에게 소개했다. 그런데 문제는 집에 돌아와서였다. 엄마가 딸에게 한 마디 했던 것이다.

"제발 눈 좀 높여라."

엄마가 보기에 딸의 남자친구가 내심 못마땅했던 것이다. 그런데 딸의 눈에는 이 친구가 좋게 보이니 어찌하랴.

이처럼 사람에게는 보는 눈이 있어야 한다. 자신에게 꼭 맞는 옷을 찾아내는 친구의 안목, 남자친구를 고르는 안목, 이것은 개성이자 갖추어야만 하는 기술이다.

그럼 보는 눈을 어떻게 갖추느냐가 중요한 문제다. 누구의 눈에나 다 보이는 보석은 보석이 아니다. 보석은 희소가치가 있을 때 값이 비싸다.

지구상에는 분명 보석이 존재한다. 그래서 사람들이 갖추어야 할 개성 중의 하나는 이러한 보석을 찾아내는 것이고, 유사 보석을 구별해 내는 능력이다. 그래서 보석을 얻는다면 그 사람의 인생은 확연하게 달라질 것이다.

보석을 예로 들었지만 이것은 사람일 수도 있고 기회, 자신의 능력, 상품, 물품 등 여러 가지일 수 있다. 즉 갖추어야 할 개성이 이러한 보석을 찾아내는 능력이다.

돼지에게 진주목걸이를 걸어 줄 수는 있다. 하지만 돼지는 진주목걸이의 진가를 모른다. 돼지는 먹을 것 하나 더 주는 것을 좋아한다. 그러나 사람에게는 진주목걸이를 구별해 내는 개성이 있다.

학교 다닐 때 누구나 소풍을 간 적이 있을 것이다. 이때 꼭 하는 놀이가 보물찾기다. 그런데 보물을 잘 찾는 아이가 있는가 하면 그렇지 못한 아이도 있다.

보물을 잘 찾는 아이는 자기만의 요령이 있다. 다른 아이들이 잘 찾지 못하는 구석구석을 찾아다니기도 하고, 보물을 감춘 선생님의 뒷모습을 연상하기도 하고, 아니면 최선을 다해서 이리저리 찾아다니기도 하는 것이다.

이같이 보물을 잘 찾는 아이들의 공통점은 적극적으로 풀숲이나 나뭇가지 사이를 찾아다닌다는 것이다. 따라서 우리 삶의 여정에서도 다른 사람들이 찾지 못하고 발견하지 못하는 보석을 찾아내려면 적극적으로 찾아나서는 수고를 아끼지 않아야 한다. 특히 보석이란 사람의 생각을 말할 수도 있다. 다른 사람이 생각하지 못하는 생각을 해내어 주위의 감탄을 자아내는 사람도 있다.

궁극적으로 이야기하자면 세밀한 관찰력을 키워 나가야 한다는 것이다. 세밀한 관찰력으로부터 안목이 길러지고, 사고

작용으로 문제점을 발견하게 되며, 이에 대한 해결책이 보이기도 하기 때문이다.

자신에 대한 믿음과 신념이 강해야 한다

나는 고등학교를 졸업하고 대기업에 말단사원으로 입사해서 최고의 자리인 대표이사에 올랐다. 하지만 나는 여기에 만족하지 않는다. 그 이유는 아직도 나에게는 이루어야 하는 꿈이 있기 때문이다. 이러한 꿈이 내게서 사라질 때가 은퇴할 시기라고 생각한다.

내가 성공할 수 있었던 이유 중 하나가, 나는 꿈꾸는 자였기 때문이다. 어린 시절과 학창 시절, 그리고 나를 키워 준 롯데에서의 직장생활, 이 모든 시기에 나는 꿈을 가지고 있었다. 어린 시절의 꿈은 배고픔의 해결이었다. 그 꿈은 나에게 아주 절박한 문제였다.

이러한 꿈은 치밀한 계획이 있을 때 실현 가능해진다. 꿈은 미래의 비전이고 이 비전으로 말미암아 자기 신념화가 이루어지며 이 꿈을 위해 결정하고 행동하게 된다. 어떻게 생각해 보면 산다는 것이 한낱 꿈일 수 있다. 기쁨과 슬픔, 사랑과 미움, 영화와 패배 모두 풀잎 끝에 맺혀 있는 한 방울의 아침이슬이나 망망대해에 일었다가 사라지는 물거품일 수 있다. 그러나 품어야 할 이상이 있고 성취해야 할 꿈이 있는 것이다.

항해하는 배는 풍랑을 피할 수 없다. 격랑은 꿈과 희망을 안고 헤쳐 나가는 고독한 항해사의 영원한 동반자일 수밖에 없다. 젊은이는 늙고 산 자는 반드시 죽고, 피웠던 것은 사라지고 만나서 알고 사랑하고 헤어지는 슬픈 이야기가 바로 인생이기 때문이다.

삶에는 고뇌와 우수가 있고 기쁨과 보람이 있다. 넘어야 할 고개도 있고 건너야 할 냇물도 있다. 그리고 이러한 인생만사에서 꿈이 없다면 노력도, 인내도, 근면도, 절약도, 성취도 있을 수 없다.

못생긴 나무들이 벌목꾼의 눈을 피해 산을 가꾸고 지키듯이, 부족하고 작은 꿈이라 하더라고 아름다운 꿈으로 자라나는 것이다. 꿈은 다듬고 가꾸어야 자신의 비전이 되고 신념이 된다.

그리고 이러한 꿈은 열정을 통해 실현된다. 열정이 솟아나려면 먼저 그 일이 자신이 하고 싶어서 하는 일이어야 한다. 그리고 자신이 할 수 있는 일을 해야 한다. 마지막으로 자신이 만족해야만 하는 일이다. 이러한 조건이 갖추어질 때 열정이 솟으면서 꿈은 반드시 이루어지게 된다.

열정은 이 세상 무엇과도 바꿀 수 없는 것이다. 어떤 일에 열정을 가질 때, 그 일에 온 마음과 힘을 쏟게 되고 열정 속에는 영감이 담겨 있다. 열정으로 충만해 무엇이든 온 힘을 쏟고 상상력을 활용하여 내게 주어진 세상의 경이로움에 마음의 눈을 뜰 때 꿈은 반드시 이루어진다.

꿈은 세 가지 특성을 가지고 있다. 첫째, 꿈은 자신의 부정적인 사고와 한계를 극복하는 의지가 된다. 인간은 꿈을 통해서 자신의 울타리에서 벗어날 수 있고 현재 자리에서 높이 점프할 수 있다.

둘째, 꿈은 먼 곳에 있는 것이 아니라 자기 손안에 있는 것이다. 그리고 자신이 처한 위치와 상관없이 누구나 꿈을 가질 수 있다. 따라서 꿈을 꿀 수 있다는 점에서 인간은 평등하다 하겠다.

셋째, 꿈은 자신의 가슴과 머릿속에 자리잡고 있다. 가슴이란 꿈을 이루기 위해 뜨거운 열정을 가지고 노력하는 것을 말한다. 머릿속에 자리잡는다는 것은 꿈을 실현하기 위해 이성적으로 연구하고 판단하고 생각하는 사고작용을 말한다.

더군다나 꿈을 꾸는 데는 비용이 들지 않는다. 특별한 노력이 필요하지도 않다. 그리고 어떤 조건을 달지도 않는다. 그래서 꿈은 남녀노소를 불문하고 누구나 꿀 수 있다. 꿈을 통해 인간은 신념을 갖게 된다. 그리고 신념은 자신의 꿈을 이루기 위한 도약대 역할을 한다.

꿈을 신념으로 형상화했으면 그 꿈을 실현시켜 나가기 위한 노력을 해야 한다. 이러한 신념을 가지고 있으면 어떤 난관이나 장애물도 뚫고 나갈 수 있다.

꿈은 다른 말로 이야기하면 희망이다. 사람들이 실패하는 가장 큰 이유 중 하나가 희망이 없기 때문이다. 희망을 상실하면 인간은 존재 이유를 상실할지도 모른다. 희망을 가져야 한다. 꿈을 꾸어야 한다.

그리고 이 꿈과 희망을 실현하기 위해 신념을 가지고 도도히 한 발 한 발 걸어 나갈 때 그 꿈은 우리 곁에 다가오는 것이다.

08 일을 통해 기회를 만들어라

Work your way to create opportunities

가정을 통해 여성의 수고를 알아라

셰익스피어의 〈햄릿〉이라는 연극 대사 중에 "약한 자여, 그대 이름은 여자다"라는 말이 있다. 어떻게 보면 여성은 연약한 갈대와도 같다는 생각이 든다. 하지만 이런 말도 있다. "여자는 약하다, 그러나 모성은 강하다."

요즘 여성은 가정을 지키면서 사회활동도 열심히 한다. 여성이 사회활동을 하는 것도 결국 가정을 지키고 윤택하게 하기 위해서다. 그리고 가사일뿐만 아니라 자녀를 돌보고 시부모 봉양을 하기도 한다.

그래서 나는 이런 생각을 한다. 세상에서 가장 아름다운 것은 여성의 마음이라고. 하지만 여성에 따라서 성격이나 품행이 차이가 난다. 왜냐하면 인간은 환경에 적응하며 사는 동물이기 때문이다. 열악한 환경에서 생활하다 보면 가는 길이 각기 다를 수가 있다.

그러나 아무리 나쁜 여성이라 할지라도 면면을 살펴보면 동정심을 갖지 않을 수 없다. 특히 여성이 결혼을 할 때는 남편 가족의 명예나 부귀 때문이 아니라 오직 남편을 보고 오는 것이다. 그래서 남편과 함께 자식을 낳고 화목한 가정을 꾸리는 것이 여성의 가장 큰 행복이라 할 수 있다.

그러므로 남편은 아내를 존중하고 사랑해야 한다. 그리고 여성의 수고를 덜어주기 위해 가사일에 적극 참여해야 한다. 그러면 여성들, 특히 아내가 얼마나 수고를 하는지 깨닫게 될 것이다.

요즘에는 세상이 좋아져서 그리 힘들 것이 없다. 옷은 세탁기가, 설거지는 식기세척기가 해 준다. 청소도 청소기만 돌리면 된다. 그래도 아내가 힘들어 할 때 집안 일을 도와 주면 무척 고마워할 것이다. 또한 아내의 수고를 알게 되어 아내를 더욱 아끼고 사랑하게 되며, 결국에는 가정이 화목하게 될 것이다.

이렇듯 화목한 가정에서 가족들은 힘을 얻게 된다. 밖에서 치열한 경쟁을 해야 하는 가장과 또 그에 못지 않게 힘들게 경쟁을 해야 하는 자녀들, 그리고 가족의 건강과 행복을 보살피고 지켜 주는 아내까지 각자 자기 본분을 다할 수 있는 힘은 바로 이 행복한 가정에서 비롯되는 것이다.

다른 업무에 대해서도 파악하라

군대에서 나의 보직은 행정병이었다. 행정병은 중대원들의 하루 일과를 계획해서 통보하고 정리하며 인원수와 그들의 움직임을 파악하는 것이다. 병장 때는 행정일을 하급자에게 맡기고 나는 내무반에서 소일하게 되었다. 그러면서 달력에 동그라미를 쳐가며 제대 날짜를 기다리고 있었다.

그런데 일을 할 때는 시간이 금방 지나가더니 말년이 되자 한 달이 일 년처럼 느껴졌다. 그래서 신병이 들어오면 그들과 이야기하는 것에 재미를 붙였다.

하지만 나의 앞날을 생각할 때 그들과 노닥거리며 한가하게 지낼 수만은 없었다. 나는 다시 생각을 하게 되었다. 군대의 특징 중 하나가 여러 부류의 사람들이 모이는 집합소라는 것이다. 그래서 나는 배울 점이 있는 신병이나 하급자들을 내 주위로 몰려들게 했다. 어떤 병장은 내무반에서 하루 종일 잠을 자기도 하고 매점에서 종일 군것질을 하며 시간을 때우기도 했다.

신병들 중에 내가 알아야 할 지식을 많이 갖고 있는 친구가 있었다. 나는 그를 매점에 데려가 맛있는 것을 사주며 지식과 정보를 얻어 들었다. 그리고 부대원 중에 내가 사회생활에서 배워야 할 기술을 가지고 있는 이들에게 기술을 익히느라 여념이 없었다.

어떤 부대원은 잘 가르쳐 주지 않았다. 나는 그들의 기분을 맞춰 주기 위해 심지어는 이등병의 군화를 닦아 준 적도 있다. 때론 그들의 사소한 부탁을 들어 주기도 했다. 군대에서는 보직을 바꾸더라도 어느 정도의 일은 할 수 있기 때문이다. 오히려 이렇게 다른 보직을 맡다 보니 부대 돌아가는 것이 눈에 훤히 보였다. 혼자서도 부대 일을 다 해낼 수 있는 자신감이 생겼다.

제대 후에는 이러한 나의 능력을 잘 깨닫지 못했다. 그런데 롯데제과에 입사해서 보니 군대에서 어깨 너머로 배운 기술이 필요할 때가 많았다. 인사부에서부터 자재부, 총무부 등 다른 업무에 대해서도 파악하는 눈이 생긴 것이다.

군대에서 배운 경험을 살려 경리부 일만 처리하는 것이 아니라 다른 업무도 유심히 관찰하는 버릇이 생겼다. 자신에게 필요한 정보나 지식, 그리고 기술을 습득하는 것, 이것은 회사 대표자리에 오르기 위한 필수 조건이다.

내가 대표이사 자리에 오를 수 있었던 것 역시 내가 속한 부서의 일뿐만 아니라 다른 부서 업무에 대해서도 눈과 귀를 열고 파악하는 능력이 있었기 때문이다.

자기 업무에만 통달하고 또 자기 업무가 끝났다고 다른 업무에 무관심하지 말고, 다른 부서 업무에 대해서도 배우고 익혀 나가야 한다.

자신의 일에 전문가가 되라

요즘은 자격증 시대다. 그만큼 자격증이 많이 생기고 이것이 있으면 사회적 대우를 받는다. 그래서 고등학교나 대학교에서는 자격증을 따기 위해 공부하고 일반 사회인 역시 일과가 끝나면 자격증 취득에 열을 올리고 있다.

일반인들이 가장 많이 따는 것은 공인중개사 자격증이다. 한때 이것은 사회적인 열풍을 넘어 광풍을 일으키기까지 했다. 너나없이 재테크에 관심이 많기 때문인데, 어쨌거나 공인중개사 자격증을 따기 위해 도전하는 사람들의 노력을 높이 평가한다. 특히 중년여성들이 사회에 진출하기 위해 도서관이나 학원에서 열심히 공부하는 모습을 보면 그 열정에 놀라지 않을 수 없다.

이처럼 너나없이 자격증에 관심을 갖게 된 이유는 자기만의 기술을 습득하려는 노력의 발현이다. 나는 자격증을 따려고 노력하는 사람들에 대해 아주 긍정적으로 생각하고 있다. 이러한 자격증을 토대로 기술을 익히고 그 기술로 한평생 살아갈 밑천을 마련하는 것이다.

결국 자기 분야에서 전문가, 곧 프로가 되는 것이 사회생활을 잘 하는 것이다. 직장인이라면 자신의 업무에 프로가 되어야 한다. 사회에서는 아마추어를 필요로 하지 않는다. 그렇다고 아마추어가 전혀 필요 없다는 건 아니다. 그만큼 프로를 가치 있게 여기고 대우를 한다는 것이다.

아마추어도 열심히 노력하면 어느 순간에 프로가 되기도 한다. 어느 직장에서든 그 분야에서 최고가 되어야 한다. 그래야 그 분야의 일을 당당하게 해낼 수 있다.

프로는 자기 업무에 책임을 질 줄 아는 사람이다. 책임질 줄 모르면 프로가 아니다. 학생이라면 자격증을 취득하여 자기 고유분야를 특화시키고 프로가 되기 위해 더 앞으로 나아가야 한다.

남보다 먼저 문제의식을 가져라

현대사회는 어제와 오늘이 다르다. 마이크로소프트사의 빌 게이츠 회장이 쓴 《생각의 속도》라는 책이 있다. 변모하는 사회에서 얼마만큼 생각을 빨리 하고 이를 실현해 내느냐는 것이 기업이나 사람의 성패를 좌우한다는 내용이다.

변모하는 사회에서 사람도 변해야만 살아남을 수 있다. 변화에 적응하지 못하는 사람은 후퇴하게 마련이다. 시간이 갈수록 변화의 속도는 더욱 빨리 진행되어 간다.

누구나 이러한 변화에 적응하는 능력을 갖추고 있다. 그렇다면 변화에 적응하고 변화를 선도할 수 있는 방법이 궁금하지 않을 수 없다.

그것은 남보다 먼저 문제의식을 갖는 것이다. 즉 남들보다 한 걸음 앞서서 문제를 파악하고 여기에 대처해 나가는 능력이다. 이러한 문제의식을 통해서 해결 방법을 생각하고 발전을 기약할 수 있다.

또한 문제점을 찾아내는 능력만으로도 변화하기에는 충분하다. 기업도 마찬가지다. 고객이 항상 물건을 사줄 것으로 예측해서는 안 된다. 고객도 변한다. 단골고객이라고 변하지 않으리라는 보장이 없다. 기업의 상품에 따라 고객은 얼마든지 변하며 더 좋고 값싼 상품을 사려고 한다. 시장 상황은 이러한 고객의 유동에 따라 시시각각 변한다.

기업 환경도 그렇다. 정부는 언제 정책을 변경할지 모르고 협력업체는 자기들의 이윤을 위하여 또 언제 이별할지도 모른다. "기업에는 영원한 적도 없으며 영원한 친구도 없다."

특히 국제화 시대에 기업 환경은 더욱 빨리 변화한다. 과거에는 기업 환경이 국내에 한정되어 있었지만, 이젠 세계가 단일 경제권이니 세계 무대의 변화까지 읽고 대처해야 한다. 고객들도 국내 고객뿐만 아니라 해외 고객까지 염두에 두고 전략을 세워야 한다.

이 다양한 변화에 대한 우리의 대책은 문제의식을 갖는 것이다. 작게는 가정 문제에서부터 회사 문제, 크게는 국가 문제까지도 문제의식을 가져야 한다. 또는 대국적으로 세계 문제까지도 파악하려는 자세가 필요하다.

이처럼 문제의식을 가져야만 변화하고 발전할 수 있다. 이에 대해 구체적인 해결책을 생각하지 못하더라도 문제의식을 갖는 것만으로도 현대사회의 흐름에 동참하고 발전할 수 있게 되는 것이다.

문제의식을 갖기 위해서는 현재에 안주할 수 없다. 편하고

게으르며 무사안일하고 자신의 일밖에 관심이 없다면 문제의
식을 가질 수 없다. 그래서 항상 조심스러운 마음으로 대처해
나가야 한다. 조심스러운 마음이란 어느 정도 긴장하며 변화
하는 추세에 안테나를 곤두세우고 예의주시하는 마음이다.

사람은 누구나 좋은 점을 가지고 있다

사회에 필요 없는 사람은 없다. 어떤 사람이라도 다 필요하
며 모두 소중한 인격체다.

사회에서 아무리 비천한 일을 하고 있어도 가정에 돌아가면
어엿한 가장이다. 가장으로서 가족들에게 소중한 존재다. 학
생들도 마찬가지다. 공부를 못하고 말썽만 피워도 가정에 돌
아가면 그를 사랑하고 아끼는 가족들이 기다리고 있다.

사회는 이런 하찮은 일을 하고 있는 사람이 있기에 움직인
다. 만일 이러한 일을 하는 사람들이 없다면 사회는 원활하게
돌아갈 수가 없다.

인간은 누구나 타고난 소질이 있다. 이 소질을 잘 계발하여
사회에 이바지하느냐 마느냐가 문제가 될 뿐이다. 원래 비천

한 사람은 있을 수 없다. 그리고 천한 직업이란 지구상에 없다. 가난한 사람도 소중하며 지위가 낮은 사람도 소중하다. 하물며 일정한 직업이 없는 실업자들도 역시 소중하다.

아기도 가정에 행복과 기쁨을 주고 나이 든 할아버지, 할머니 역시 필요하고 소중하다. 그리고 병실에 있는 환자, 장애우역시 사회에 필요하며 가정에서 없어서는 안 되는 소중한 인격체다. 지위가 높다고 재산이 많다고 더 소중하고 이들만 필요한 것은 아니다.

결국 인간은 누구나 존엄하다는 이야기다. 존엄하기 때문에그에 따른 권익이 있고 마땅히 인격체로서 대접받아야 한다. 부자라고 해서 또는 지위가 높다고 해서 이들을 무시하거나냉대해서는 안 된다. 부자나 지위는 평생 가지 않는다. 그리고영원하지도 않다. 냉대했던 만큼 다른 사람들에게 냉대를 받을 수 있다. 지혜로운 사람은 사람들을 함부로 대하지 않는다.

사회생활에서도 그렇다. 지위가 낮다고 해서 아니면 능력이나 가진 것이 없다고 해서 이들을 무시해서는 안 된다. 그리고자신보다 위치가 낮다고, 아니면 그러한 조건을 갖추지 못했다고 그들을 냉대하면 곤란하다. 사회는 낮은 위치에서도 성실하게 자기가 맡은 바를 묵묵히 해 나가는 사람들이 있기 때문에 유지되는 것이다.

사람은 누구나 좋은 점을 가지고 있다. 아무리 나쁜 사람이라도 한 가지 좋은 점은 있다. "인간이 미워서가 아니라 죄가 미워서"라는 말이 있지 않는가! 그래서 인간은 인간을 존중해야 한다. 이것은 사회에 첫 출발을 하는 젊은이나 중년이나 누구에게나 공통적으로 가져야 할 대원칙이다.

인간을 존중해야 자기에게 돌아오는 결과가 좋은 법이다. 언제 서로 위치가 바뀔지도 모른다.

시키는 대로 해, 뭐 잘났다고?

우리나라 대기업 샐러리맨들이 가지고 있는 기업병이라는 것이 있다. 그것은 "시키는 대로 해, 뭐 잘났다고?" 하는 직장 상사의 엄명이다. 이 말은 한편 생각하면 지시한 일이나 제대로 하라는 말이다. 지시한 일도 제대로 못하면서 어떤 아이디어를 낸다는 것은 우스운 일이기 때문이다.

또한 이런 의미도 있다. 하급자들의 능력을 무시하는 말이다. 지금까지 상사의 입장에서 하급자들을 지켜보아 왔는데

별 능력을 보이지 못한다는 말로 하급자들에게 시키는 일이나 제대로 하라는 것이다.

다른 이야기로 "그건 내 책임이 아니야, 나는 모르는 일이야!"라는 말이다. 분명 잘못되었는데 이 잘못에 대해 누구도 책임을 지지 않는다는 것이다.

또 이런 기업병도 있다. "지금까지는 이렇게 해 왔는데 뭘 그래"라는 말이다. 대리나 과장이 부장에게 제안서를 냈는데 부장이 "무슨 소리야, 지금까지 해 온 대로 해"라는 것이다. 그러면 대리나 과장은 의욕을 상실하게 될 것이다.

다른 이야기로 "그것 봐, 내가 뭐랬어, 처자식 생각하라니까!"라는 이야기다. 회사 문제에 대해 진지하게 생각해 보고 회의에서 발언을 해 보았자 동료들의 눈초리가 따갑고 상사들은 요주의 눈초리로 보게 된다. 이때 동료가 하는 발언이 바로 이런 이야기다. 적당하게 눈치보며 적당하게 일하고 월급 제때 타고 무사하게 정년까지 지내다가 퇴직하자는 생각이다.

또한 "그건 아마 윗분이 싫어할 거야"라는 말이다. 아무리 좋은 제안이라도 가장 윗분에게 전달되기도 전에 상사는 이렇게 말하곤 한다. 자기는 좋은데 윗분이 싫어해서 통과가 안 된다는 것이다.

그리고 "일 더 한다고 누가 알아 주기나 해?"라는 말이다.

회사 일을 상사가 알아 주기를 바라고 한다면 어떻게 될까? 마땅히 자기가 해야 할 일을 상사가 알아 주기를 바라고 해야 한단 말인가?

이러한 의식구조로 월급생활을 해서는 미래가 없다. 시키는 대로만 하는 머슴형, 책임으로부터 비켜서고자 하는 자세, 지금까지 해 온 대로 하는 습관형, 동료가 아이디어라도 낼라치면 빈정거리거나 윗사람 눈치나 보는 직장인, 누가 알아 주어야만 일하는 스타일 등 이런 사람은 직장에서 절대 성공을 거둘 수 없다.

반짝반짝 빛나는 아이디어와 창조적인 일에 과감하게 도전하여 승부를 거는 방향으로 일을 진행시켜 나가야 한다.

회사생활에서 발생하는 문제 유형들

회사생활에는 여러 가지 문제점이 도사리고 있다. 그래서 사회생활이 만만치 않은 것이다. 이러한 문제점을 해결하지 못하면 승진이나 장래를 보장받지 못한다.

먼저 회사에 다니다가 건강이 나빠진 경우다. 아무리 회사생활을 잘 하려 해도 건강이 좋지 않으면 다 잡아 놓은 토끼를 놓치고 만다. 직장인들 중에 건강이 가장 문제가 되는 경우는 40대와 50대다. 이때 주의하지 않고 몸을 혹사하면 건강에 적신호가 켜진다.

특히 회사생활에서는 사람들과 접촉하게 되고 외부 사람들과도 만나게 된다. 그러면 대개 술자리가 벌어진다. 아직도 우리나라에서는 서로 친해지는 계기가 바로 술자리라는 인식이 팽배해 있다.

그래서 회사 사람들과는 물론이요 외부 사람들과도 술자리를 갖는다. 나는 원래 술과는 인연을 끊은 사람인지라 다른 사람들도 술을 권하지 않는다.

이러한 술자리 문화로 인해 술을 조금만 마셔도 얼굴이 붉어지거나 술을 소화하지 못하는 사람은 이 자리가 여간 불편한 것이 아니다. 특히 상사와의 술자리에서 상사가 따라주는 술을 마시자니 실수할 것 같고, 안 마신다면 술자리에서 자신을 쳐다보는 눈이 있어 무척 곤혹스럽다.

적당한 술은 건강에 좋다고 어떤 의사들은 말한다. 가볍게 마시는 술은 오히려 건강에 좋고 신진대사를 촉진하기까지 한다고 한다. 그러나 우리나라는 폭탄주 문화다. 게다가 한 번 술자리를 벌이면 몸을 가누기 어려울 때까지 끝장을 본다. 그래서 회사에 다니는 사람들은 술독에 빠져 산다. 위나 간기능이 약해지는 건 불문가지다.

대기업 직원들이 건강이 나빠지는 이유 중 하나가 바로 술 때문이다. 더구나 곤드레만드레 취해 들어오는 남편을 맞이하는 아내 역시 안타까운 심정이다. 남편이 건강하게 회사에 잘 다니고 자녀 교육 잘 시키고 풍족하게 사는 것이 그들의 공통된 바람이다.

술 외에도 과로로 건강을 해치는 경우가 많다. 평소 아침이나 저녁 시간에 가벼운 운동을 하는 것은 정신건강에도 좋을 뿐더러 신체건강에도 좋다. 건강은 건강할 때 지켜내야만 하는 것이다.

회사생활에서 발생하는 문제점은 건강 외에도 여러 가지가 있다. 직장상사나 동료와의 갈등, 경쟁에서 뒤지거나 무능력하다는 평가를 받는 경우, 퇴직을 강요하는 상사, 인맥이나 적절한 배경이 없는 경우 등등이다.

이러한 문제에 대해 스스로 대책을 마련해 나가야 한다. 이미 이런 문제를 경험한 상사나 동료의 조언을 듣는 것도 하나의 방법이다.

꿈이 있기에 살아간다

인생의 목적은 과연 무엇인가? 이에 대해 알기 쉽고 명쾌하게 답변할 수 있는 사람은 얼마 되지 않을 것이다. 세계인구가 65억이나 된다. 그 많은 사람들도 인생의 목적을 정확하게 알고 살아가는 것일까?

흔히 인생의 목적을 행복과 성공이라 말한다. 그리고 이에 대한 수단으로 재산과 명예, 건강, 사회적 지위, 권력 등을 얻기 위해 노력한다. 이러한 것들을 손에 쥐고도 행복과 성공을 누리지 못한다면, 그것이 행복과 성공을 가져다 주는 요인이 아니라는 말이다.

내가 이야기하고 싶은 행복과 성공을 얻는 방법은, 하고 싶은 일을 하라는 것이다. 어린 시절 누구나 장래 어떤 직업을 갖고 싶다고 말한다. 그런데 성장하면서 환경이 변하고 미래상도 바뀌게 된다. 학교를 마치고 사회생활을 시작하면서 성인이 되었는데 마땅히 무엇을 해야 할지 모르는 경우도 있다.

대개 월급이 많고 장래가 보장되는 직장을 선호한다. 그렇다면 이러한 선택에 후회가 없는 것일까? 그래서 나는 '하고 싶은 일을 하라'고 권한다.

후회 없는 일생을 살아가는 방법이 무엇인지 곰곰 생각해 본 적이 있다. 내가 얻은 결론은 성과물을 얻는 것, 다른 말로 결과를 얻어내는 것이다. 왜냐하면 성과물이 없으면 무엇인가 실수가 있거나 문제가 있다는 의미다.

그럼 성과물을 얻는 방법, 즉 후회 없는 일생을 사는 방법은 무엇인가? 그것은 하고 싶은 일에 최선을 다하고 자유를 누리며 행복하게 사는 것이다. 다른 사람들이 재산을 늘리기 위해 직업을 선택하고 또한 명예, 사회적 지위, 권력 등을 쟁취하고 싶어 직업을 선택한다 하더라도 하고 싶은 일을 하는 것이 성과물을 얻기에 가장 좋다.

왜냐하면 직업은 청년기에 단순하게 선택하는 것이 아니기 때문이다. 직업은 평생을 살아가면서 자아를 완성시키고 생계를 꾸려 나기기 위한 수단이다. 그래서 하고 싶은 일을 해야하며, 그래야 발전이 있고 즐겁게 할 수 있다.

자신이 하고 싶은 일을 평생 직업으로 선택하면 그 일에 대해서 시너지 효과가 발생한다. 따라서 만족스런 결과물을 얻을 수 있고 행복과 성공을 이룰 수 있다.

소질과 개성에 맞는 직업을 선택하라

어떻게 살 것인가 못지않게 '무엇을 할 것인가'도 중대한 문제가 아닐 수 없다. 청년 시절 무엇을 할 것인지 고민해 보지 않은 사람은 없을 것이다. 하지만 적절한 대책을 마련하지 못하면 삶 자체가 고달프다.

대기업 직원들도 어느덧 퇴직할 나이가 된다. 이 시기에는 대부분 임원 승진을 앞두고 있다. 임원으로 승진하면 남게 되고, 그렇지 못하면 옷을 벗어야 한다. 그래서 대기업 부장이나 팀장이 되면 임원 승진 여부에 신경을 곤두세운다. 보통 이 시기에 임원 승진 대상이 되느냐 아니냐가 갈라지게 된다. 만일 임원 승진에서 누락되면 기업을 떠나 자기 사업을 하든지 아니면 다른 직장을 찾아야 한다.

그러나 대기업을 떠나서 사업에 성공한다는 보장도 없고 다른 직장에서 받아 주는 것도 아니다. 그렇다면 이제 홀로서기를 해야 하는데, 이래저래 고민이 아닐 수 없다. 그래서 대기업을 떠난 직장인들은 무엇을 할 것인지 다시 한 번 고민에 휩싸이게 된다. 그렇기에 청년 시절부터 무엇을 할 것인가에 대한 대비책을 세워 놓아야만 한다.

무엇을 할 것인가는 어떤 직업을 택할 것인가에 대한 고민이다. 여기서 고려해야 할 것은 다른 사람들이 그 직업을 택한다고 덩달아 선택할 것이 아니고, 사회에서 대접을 받는다고 그 직업을 선택할 것도 아니다. 누구나 타고난 소질과 개성이 있으니 직업을 선택할 때 자기 소질과 개성을 잘 알아야 한다.

흔히 사회에서 인기 있고 안정적인 직업이나 돈과 명예, 사회적 지위가 따른다 하더라도 그 직업을 쉽게 선택해서는 안 된다. 자신의 적성과 소질에 잘 맞아야 한다. 즉 자신이 가장 잘하는 10%의 소질 범위 내에서 직업을 선택해야 한다.

지금 아무리 좋다고 하는 직업도 장래를 알 수 없다. 예를 들어 공무원이 되는 것도 그렇다. 과거에는 공무원이 되는 것이 지금처럼 하늘의 별따기가 아니었다. 그러나 지금은 어떤가. 경쟁률이 몇 백 대 일이다. 교사도 그렇다. 과거에는 교사가 선망의 직업이 아니었다. 그런데 지금은 여성 직업 중에서 첫째가 교사이고 공무원이다.

그 누가 사회의 흐름을 예측할 수 있는가? 아무리 사회에서 인기 있고 선망하는 직업이라도 자신에게 맞지 않으면 소용이 없는 것이다. 우리에게는 자기가 걸어가야만 하는 길이 있다. 그 길은 누가 대신 가 줄 수도 없으며 그 길을 걷지 않을 수도 없다.

그래서 어차피 가야 할 길이라면 자기 적성이나 타고난 소질을 발휘하고 신장시킬 수 있는 길을 걸어가야만 한다.

취미생활도 마찬가지다. 자기가 가장 잘 하고 또 하고 싶은 것의 10% 범위 내에서 취미로 삼으면 자기 길을 슬기롭게 가고 있는 셈이다.

일을 통해 기회를 만들어라

누구에게나 성공의 기회가 세 번 온다고 한다. 어떤 사람은 이 기회를 인내하면서 기다리다가 꼭 움켜잡는다. 그런데 어떤 사람은 아무 준비도 하지 않고 있다가 기회가 와도 구분조차 못하고 놓쳐 버리는 경우가 있다.

기회를 잡기 위해서는 준비를 하고 있어야 한다. 기회는 준비하는 자에게 주어지는 선물이다. 그렇다면 기회를 기다리기만 해야 하는가. 그리고 수동적으로 기회가 오기를 바라보며 준비만 해야 하는가? 그렇지는 않다.

기회를 잡는 방법 또한 있다. 어떻게 생각해 보면 다행이라 할 수도 있다. 또한 기회를 잡는 방법이 모든 사람에게 공평하다. 그렇다면 기회를 잡는 방법은 무엇인가?

일을 열심히 하는 것이다. 대부분의 기회란 일을 통해서 다가오기 때문이다. 그렇다면 일을 어떻게 해야 기회를 잡을 수 있는지 또 궁금해질 것이다.

결국 일을 열심히 하되 마무리해 놓은 일을 한 번 더 검토하고 더 수고하는 것이다. 이렇게 한 번 더 수고하면 누가 보아도 흠을 잡을 수가 없다. 따라서 그 일을 맡긴 사람은 감탄을 하게 된다. 즉 그 사람의 마음에 드는 것이다. 사람의 마음에 드는 것이 사회생활에서 얼마나 중요한지 말하지 않아도 알 것이다.

급기야 기회를 얻게 된다. 기회는 이처럼 일을 통해서 찾아온다. 자기가 맡은 일을 열심히 하되 보통보다 조금 더 수고하면 되는 것이다. 그럼으로써 다른 사람의 관심의 대상이 된다. 즉 그 일을 맡긴 사람을 비롯해서 주위에 그 일에 대해서 보고 있는 눈들이 있으니 주의하여야 한다.

"공든 탑은 무너지지 않는다"는 속담처럼 수고를 들인 사람의 노력과 열정과 인내와 땀이 헛되지 않게 되는 것이 삶의 법칙이라 생각한다.

09

인생교과서를 읽고 배워라

Learn from life

사람으로부터 항상 배워라

우리가 살아가는 동안 어느 정도의 기술과 지식을 익혀야 할까? 이 질문에 대해 나는 많으면 많을수록 좋다는 생각이다. 우리 속담에 "아는 것이 병이다"라는 말도 있지만, 일생 동안 여러 가지 기술과 다양한 지식이 필요하다. 이 말은 '아는 만큼 얻는다' 라고 해석할 수도 있다.

그래서 베이컨은 말하지 않았던가! "아는 것이 힘이다"라고. 모르고 지내는 것보다 알고서 병이 되더라도, 아니 역경이 닥치더라도 아는 만큼 대비하고 효율적으로 대처할 수가 있다. 인간은 자기가 아는 만큼 살아가게 마련이다.

'안다'는 말 속에는 여러 가지 판단력이나 선택을 가장 효과적이고 긍정적으로 할 수 있다는 말이 내포되어 있다. 과거 우리 선조들이 농사나 어업에 종사하면서도 자식에게는 사서삼경(四書三經)을 읽게 했던 이유도 아는 만큼 살아가고 사회에서 행세할 수 있기 때문이다.

그렇다면 어떻게 지식을 쌓고 기술을 익힐 것인가. 여기에 대해서 나는 이렇게 말하고 싶다. 바로 주위 사람들에게서 배우라는 것이다. 사람은 살아가면서 여러 환경에 처하게 되고 특히 다양한 사람들을 만나게 된다.

이처럼 만나는 사람들로부터 기술이나 지식을 잘 배워서 자기 기술이나 지식으로 체화(體化)시켜야 한다. 인간은 완벽하지 못하다. 다만 완벽해지기 위해 노력할 뿐이다.

완벽하다는 것도 일종의 자기 생각이나 신념일 뿐이고, 완벽하다는 것조차 하나의 모순을 가지고 있다. 그러나 완벽한 것이 불완전한 것보다 낫다는 것은 말할 필요조차 없다. 완벽해지기 위해서 노력해야 한다.

사람들은 공부를 하고 땀을 흘린다. 완벽해지기 위한 첫걸음 역시 사람들에게서 자기의 불완전한 부분을 배우는 것이다. 사람은 완벽할 수 없다. 아무리 똑똑한 천재라 하더라도 못하는 분야는 있게 마련이다. 그리고 천재란 어느 분야의 천재일 뿐이지 모든 면에서 완벽할 수 없다. 그러나 이러한 천재로부터 인간은 영감을 받고 삶의 기쁨을 누리며 영원성을 깨닫게 된다.

더군다나 이 같은 공로를 이룩하는 천재도 그 분야에서 남들과 다를 뿐이다. 주위 사람들을 살펴보면 이러한 천재가 없는 것이 아니다. 바로 이러한 천재들로부터 배우고 얻어 내는 것이 배움의 지름길이다.

정답은 바로 사람에게 있다. 사람으로부터 배워야 하는 것이다. 우리는 다른 사람의 길을 걸어가려 하지 않기 때문에 그들이 가진 기술이나 지식을 습득할 수 없다. 우리는 그들을 모방하고 배워서 완벽해지기 위해 노력해야 하며, 완벽해지면 해질수록 삶의 질을 향상시키고 누릴 수 있는 기회가 많아지는 것이다.

인생교과서를 읽고 배워라

나는 고졸 출신 CEO라 하여 언론과 방송의 화제가 되었다. 이것은 우리나라에서 고졸 출신으로 지도급 인사가 되기가 그만큼 어렵다는 이야기다. 우리나라 교육열이 세계에서 최고인 것을 보아도 고졸 출신으로 출세하기는 지난한 일이다.

공부를 하는 것도 출세를 하기 위해서고 편안한 삶을 살아가기 위해서다. 한편 학교를 다니는 이유는 사회생활에 필요한 기초지식을 배우기 위해서다.

나는 고졸이란 학력이 승진에 장애가 되는 경우를 수차례 경험했다. 이것은 나의 아킬레스건이었다. 그래서 나는 이 약점을 보완하기 위해 대졸 출신들은 하지 않아도 되는 노력을 기울여야만 했다.

여러 가지 정보가 실려 있는 책들을 읽고, 야간에 학원에 다니기도 했으며, 나보다 나은 사람들이 있다면 찾아가서 삶의 문제를 질문하고 대답을 얻기도 하였다.

이러한 노력 끝에 인생관을 정립하고 나만의 장점으로 약점을 커버하는 방법을 터득하였다. 그리고 삶이란 학력이나 지위, 명예, 부유함과 상관없이 누구에게나 공통적인 인생살이의 문제점이 있다는 것도 간파하게 되었다.

그래서 나는 고졸이라는 약점에 대해서도 대범해질 수 있었고, 인생 문제에 대한 해결방법을 찾기 위해 여러 번 밤을 지새우기도 하였다. 이러한 쉼없는 노력 끝에 나는 사람다운 사람이 될 수 있었다.

사회에 나가 보니 고졸 출신도 많고 나보다 못 배우고 못난 사람들도 많이 있다는 것을 깨달았다. 그래서 늘 자기보다 높은 데만 쳐다볼 것이 아니라 낮은 곳도 쳐다볼 수 있는 아량과 너그러움을 길러야 한다는 것도 알게 되었다.

그래도 내가 사회적으로 대단한 성공을 이루지는 못했지만 나를 믿어 주는 사람이 있고 나아가 나를 인간적으로 존경하는 사람도 있다. 이것은 성공 못지않게 삶의 보람과 기쁨을 느끼게 해 준다.

또한 이것은 학교에서 배운 지식이 아니라 사회생활에서 인간에게 진정으로 필요하고 갖추어야 할 기본자세에 대한 나의 의문과 해결방법을 찾아낸 데 따른 결과로 나에게 돌아온 몫이었다.

학교에서 배운 지식은 사회에서 필요한 지식이다. 그러나 그게 전부는 아니다. 세상을 살아가는 데는 다른 인생교과서가 있다. 나는 이것을 찾아서 읽고 실천에 옮기며 살아왔다.

주위 사람들의 행동으로부터 배우고 나이 든 노인으로부터 배워서 인생의 문제점을 간파하고 이를 해결하기 위해 노력한 것이다. 그 결과 나는 더욱 성숙해졌고 어느 정도 인품을 갖추게 되었다.

잘난 사람도 좋지만 나는 좋은 사람이 되려고 노력했다. 그래서 나를 믿어 주고 따르고 존경해 주는 사람들이 생겨났다. 결국 학교 지식 이외에 여러 가지 분야의 교과서를 읽고 배우며 실천해 나가야 한다. 인생교과서란 지식이나 정보일 수도 있고 스승의 가르침일 수도 있으며, 자신의 인생에 대한 깊이 있는 성찰로부터 나올 수도 있다.

현재에 멈추지 말고 끊임없이 향상하라

이런 말이 있다. "극과 극은 통한다."

어느 방면에서 전문가가 되면 다른 방면의 전문가가 되기가 그만큼 쉽다는 이야기다. 그리고 어느 방면에서 노력하고 그 결과로 얻는 방법이 다른 방면에도 그대로 적용되어 서로 통하게 된다는 말이다.

이러한 견해에 대하여 나는 중간 입장에 있다. 즉 옳은 말이기도 하고 틀린 말이기도 하다는 것이다. 어느 방면이든지 전문가가 된다는 것은 그만큼 앞서간다는 것이고, 전문가가 된다는 것만을 놓고 이야기하자면 긍정적인 이야기다.

내가 싫어하는 한자말 중 하나가 '구태의연(舊態依然)'이다. 사람은 변화해야 살아나갈 수 있는데, 그제나 어제나 오늘이나 변화가 없는 태도를 일컬어 구태의연이라 한다. 구태의연해서는 사회에 적응하기도 어렵고 살아가기도 힘들다.

그래서 사람은 변화해야 한다. 변화의 방향은 날로 향상하는 것이다. 내가 가장 무서워하는 사람도 날이 가면 갈수록 향상되는 사람이다. 과거와는 다르게 오늘은 더욱 향상되어 있는 사람을 나는 무서워한다. 이런 사람들은 대개 근면하거나 슬기로운 사람이기 때문이다.

향상하는 분야는 크게 상관이 없다. 자기가 좋아하는 스포츠도 좋고 기술 향상도 좋고 태도나 자세의 향상도 좋고, 사회생활에서 필요한 대인관계에서 처세술의 향상도 좋다.

향상하는 사람은 미래를 창조해 나가고 현재를 발전시켜 나간다. 또 향상하는 사람은 현재의 모순에 대해 끊임없이 해결책을 연구하고 생각하고 슬기롭게 방법을 찾아낸다.

취미생활에서도 이 향상하는 자세가 적용된다. 취미로 분재나 독서, 골프, 낚시, 바둑 등 여러 가지가 있을 수 있는데, 이러한 분야에서도 계속해서 향상하는 것이다. 역시 무서운 사람이 되는 것이다.

향상하는 방법에는 여러 가지가 있다. 몇 가지만 소개하자면, 우선 자신의 현재 문제점을 발견하는 것이다. 그리고 이러한 단계를 뛰어넘을 수 있는 방법을 찾아내는 것이다. 거의 모든 분야에서 현재 문제점을 찾아내려고 노력하면 역시 찾아낼 수 있는 것이 삶이다.

현재 자신의 위치에서 문제점을 발견하는 것이 첫걸음이다. 문제점을 발견하고 이를 개선해 나가야만 한다. 그러면 현재 위치보다 한 단계 높은 위치를 차지하게 된다.

또 다른 방법은 모방이다. 자기보다 잘 하는 사람의 기술이나 동작, 방법을 모방하여 연습하고 익혀 적용하는 것이다. 그렇게 하다 보면 숙달되고 상승하게 된다.

마지막 방법은 배우는 것이다. 당연히 모든 사람이 그 분야에서 일정 수준에 오를 때까지 배우겠지만, 이제는 자신에게 가장 적합한 방법으로 누구에게 가서 배우는 것이다. 이것은 자신의 위치를 상승시키기 위한 일종의 투자라 할 수 있다.

이같이 자신의 문제점을 발견하고 다른 사람의 기술을 모방하고 열심히 배우면 현재 위치보다는 한 계단 높아진 자신을 발견하고 놀라워하게 될 것이다.

올바른 마음을 가져라

우리는 종종 높은 자리에 있던 사람이 부정부패로 그 동안의 노력과 수고가 한꺼번에 물거품이 된 소식을 접하곤 한다. 그럴 때마다 무척 안타깝다는 생각이 든다. 그가 높은 자리에 오르기까지 쏟은 노력이 한순간에 수포로 돌아가기 때문이다. 만일 그가 부정부패를 저지르지 않았다면 더 높은 자리까지 올라갈 수도 있었을 것이다.

그런 소식을 들으면서 "무엇이 그에게 부정부패를 저지르게 했을까?" 생각해 본다. 대개 돈 욕심이거나 명예 그리고 성 아니면 권력을 탐했기 때문이다. 그래서 높은 자리에 있을수록 도덕성에 신경을 더욱 곤두세워야만 한다. 그러나 이같은 도덕성은 높은 자리에 있다고 해서 지켜야만 하는 것은 아니다. 어느 자리에 있더라도 도덕성은 반드시 지켜야 한다.

우리나라 민족시인 중 한 분인 윤동주의 〈서시〉라는 시가 있다.

"죽는 날까지 한 점 부끄럼 없기를 나는 잎새에 이는 바람에도 괴로워했다."

이 시인은 절대적인 도덕성을 주장했다. 하지만 어떻게 해야 한 점 부끄럼 없게 살아갈 수 있을까? 맹자도 하늘을 우러러 부끄럼 없는 것이 삶의 기쁨이라고 했다.

부끄럼 없이 산다는 것은 쉬운 이야기로 하면 마음을 올바로 갖는다는 것이다. 아무리 학식이 뛰어나고 머리가 좋고 재주가 있어도 마음을 올바로 쓰지 않으면 올바른 삶을 살 수가 없다.

특히 이것은 높은 자리에 있는 사람일수록 더욱 지켜야만 하는 교훈이다. 높은 자리에 있을수록 그의 말과 행동이 다른 사람에게 미치는 영향력이 크기 때문이다. 따라서 언행을 조심하고 특히 마음 씀씀이를 올바로 가져야만 한다.

그래서 사회에서는 지식이나 학식이 있는 인재도 필요하지만 올바른 마음을 가진 인재가 더욱 절실하게 필요하다. 가정교육이나 평생교육, 전인교육 등은 모두 이러한 도덕성을 올바로 함양하기 위한 교육이다.

취미활동은 삶을 풍요롭게 해 준다

직장인뿐만 아니라 모든 사람이 가장 신경을 써야 할 것이 바로 건강이다. 그래서 "건강을 잃으면 모든 것을 잃는다"는 말도 있다. 나의 건강 비법은 특별한 것이 아니라 아주 기초적인 건강법이다.

그것은 금주와 금연이다. 흡연과 음주로 인해 시간과 돈을 낭비하고 건강까지 잃을 수 있기 때문이다. 나는 이 건강법을 어린 시절부터 지금까지 철칙으로 지켜 오고 있다.

또 다른 건강법이라면 부지런함이다. 부지런함은 부모님께서 물려주신 유일한 재산이라고 생각한다. 부지런하게 살다보면 특별히 건강을 위해서 보약이나 운동을 하지 않아도 건강을 지킬 수가 있었다.

학교 다닐 때는 공부만 열심히 해야 한다고 말한다. 그러나 공부 잘 하는 학생들을 보면 놀기도 잘 논다. 공부만 열심히 해서 좋은 성적을 받는다고 부모를 기쁘게 해 주는 것은 아니다.

가끔 적당하게 쉬는 것도 성적 향상에 도움을 준다. 마치 자동차에 윤활유가 없다면 얼마 못 가서 고장이 날 것이다. 윤활유가 있기 때문에 자동차는 고장 없이 각 부분이 서로 조화를 이루며 굴러가는 것이다.

자동차에 윤활유가 있듯이 공부에는 휴식이 있어야 한다. 군대에 갔다 온 사람이면 누구나 알 것이다. 군대에서도 훈련 중간 중간에 5분 휴식, 10분 휴식이 있다. 그리고 차렷자세에도 쉬어, 편히 쉬어 자세가 있다.

이처럼 휴식은 중간중간에 꼭 필요한 에너지를 공급하는 윤활유와 같은 것이다. 그렇다면 사회생활에서의 윤활유는 무엇인가? 바로 취미활동이다. 옛날 선비들은 책상물림형 선비라도 풍류를 즐겼다. 술과 가무, 시작(詩作) 활동 등을 하였던 것이다. 여기에는 기생들이 등장하여 선비들의 풍류생활을 한층 흥겹게 해 주었다.

그렇다면 취미활동을 함으로써 얻는 것은 무엇인가? 그것은 건강을 지켜 줄 뿐만 아니라 일상생활의 피로와 긴장감을 이완시켜 준다. 그리고 쉬게 해 주며 다시 직장으로 돌아가기 위한 보약과 같은 역할을 해 준다.

취미활동은 육체적 건강에도 좋지만 특히 정신건강에 큰 기여를 한다. 이처럼 취미활동은 건강에 유익한 여러 가지 효과를 제공한다. 또한 취미활동은 삶을 풍요롭게 해 준다. 사람이 사는 목적 중의 하나가 바로 이러한 풍요를 누리는 것이다.

또한 풍요로움은 선택의 기로에서 현명한 판단력을 제공하기까지 한다. 고차원적인 판단을 해야 하는 직업일수록 이러한 풍요로움에서 큰 영감을 얻게 된다. 우리 선조들이 과거 풍류를 즐겼던 것 역시 그들의 삶을 윤택하게 하였음은 물론이거니와 풍류로 인해 고차원적인 판단력을 가능하게 했던 것이다.

자신이 잘 하는 분야의 10% 범위 내에서 취미활동을 하는 것은 삶에서 매우 중요하고 가치 있는 일이다. 그리고 자신이 좋아하는 분야에서 취미활동을 하는 것은 삶을 아름답게 가꾸고 윤택하게 한다.

당연히 그렇게 됨으로써 건강도 유지하는 일석이조의 효과를 얻게 되는 셈이다.

자신의 고유한 스타일을 간직하라

　사람은 무미건조해서는 안 된다. 사람에게는 자기만의 독특한 맛이 있어야 한다. 또한 사람은 우유부단해서는 안 된다. 싫은 것은 싫다고 말하고 좋은 것은 좋다고 말할 수 있는 사람이 되어야 한다.

　누구나 알듯이 육지의 제왕은 사자다. 바다의 제왕은 상어이며, 하늘의 제왕은 독수리다. 그렇다면 육지와 바다, 하늘의 제왕은 누구일까? 그것은 오리이다. 그러나 오리를 제왕이라고 누구나 인정해 주지 않는다는 데에 문제가 있다.

　동물들은 사자를 무서워하고 상어를 무서워한다. 또한 독수리를 무서워한다. 그러나 오리는 무서워하지 않는다. 오리를 무서워하는 동물이 있다면 그것은 미꾸라지나 붕어처럼 아주 미약한, 오리에게 먹잇감이 되는 동물들뿐이다. 이처럼 오리는 여러 가지 분야에 해당되지만 전문적인 특성이 없기 때문에 어느 분야에서건 제왕으로 인정받지 못하고 만다.

　이와 같은 사례는 박쥐도 마찬가지다. 박쥐는 새도 아니고 그렇다고 땅에 사는 동물도 아니다. 오리나 박쥐를 색으로 표현하자면 흰색도 아니고 검정색도 아닌 회색이다. 한 마디로 회색은 자신의 고유한 스타일, 즉 특성이 없는 것이다.

자신의 고유한 스타일을 한 마디로 표현하면 그것은 개성이다. 바로 이러한 개성이 있어야만 한다. 음악으로 이야기하자면 쇼팽은 피아노에 개성이 있고, 베토벤은 교향곡에 개성이 있다. 음악가에게도 그만이 나타내는 색깔이 있다. 이것이 바로 음악가의 독특한 개성인 것이다.

음악세계에만 해당되는 것은 결코 아니다. 미술세계에서도 이같은 개성이 매우 중요하다. 빛이 없으면 고흐의 미술이 아니다. 어린 아이나 소의 모습이 빠지면 이중섭의 그림이 아니다.

이처럼 음악이나 미술세계에서도 작곡가나 화가의 개성이 드러난다. 이러한 개성을 빼놓고서는 평론가들은 거의 할 말이 없을 것이다. 이러한 개성이 있기 때문에 상징하는 바가 있고 영원성이 있으며, 그가 추구하는 세계가 담겨 있는 것이다.

그리고 이러한 개성 때문에 그는 화가로 음악가로 여전히 추앙과 존경을 받는다. 일반 사람들도 마찬가지다. 자신의 고유한 색깔이 있어야만 한다. 즉 자신을 표현하는 색다른 음조가 있어야만 한다. 이러한 개성은 그 사람을 세상에서 빛나게 하는 요소다. 무색무취, 무미건조, 우유부단한 사람이 되어서는 안 된다. 개성을 가져야만 하고 그것은 흔히 말하는 끼를 가지는 것이다.

나눔을 실천하라

대기업 입사면접에서 면접관이 그 동안의 경력을 살펴보고 흔히 묻는 질문이 있다. 그것은 봉사활동 경력이 있느냐는 것이다. 아무리 학벌이 우수하고 성적이 뛰어나더라도 봉사활동 경력이 특별히 없으면 면접관에게 점수를 얻지 못한다.

봉사활동을 통해서 기업의 인사담당자는 입사지원자의 인생관을 살피게 되는 것이다. 또한 입사지원자의 철학이나 사회에 대한 자세를 알 수 있기 때문이다. 아무리 능력이 뛰어나다 해도 그 기업에 입사해서 다른 사람들과 잘 융화되고 화합하지 않으면 소용이 없다.

요즘에는 '나눔'이라는 용어가 많이 회자되고 있다. 그렇다고 옛날에 이러한 나눔의 문화가 없었던 것은 아니다. 우리 조상들 역시 어려울 때 서로 돕고 나누며 협력하면서 살아왔다. 그래서 나눔이라는 용어가 누구에게나 낯설지 않은 것이다.

이러한 나눔의 정신을 가지고 있는 사람이야말로 진정한 삶의 성공자라고도 말할 수 있겠다. 나눔을 실천하는 것은 그리 어려운 일은 아니다.

간단하게 이웃을 배려하는 태도가 바로 그것이다. 어려운 이웃에게 눈을 돌리는 첫걸음이 이웃을 배려하는 마음을 갖는 것이다. 그리고 이것은 사회생활을 할 때도 자신의 소양 향상에 큰 도움이 되는 것은 물론이요, 인격 향상에도 도움이 된다.

현대사회가 아무리 물질사회라 하더라도 이러한 배려의 자세는 이 사회를 이끌어 가는 기둥이 된다. 어려운 이웃을 배려하는 마음으로부터 나눔이 생기고 봉사를 실천하는 자세가 배양되는 것이다.

특히 어려운 이웃에게 관심을 가져야 한다. 이러한 관심으로부터 이들을 도와 주는 구체적인 행동이 나오게 된다. 그리고 성공하거나 부유한 사람들의 경우에는 불우한 이웃을 잘 보지 못하는 어려움이 있다. 또한 그들은 어려운 이웃의 고통이 무엇인지 잘 모르는 경우가 많다.

그렇다면 어려운 이웃에게 어떻게 눈을 돌리고 도와 주어야 할 것인가. 그에 대한 해답은 바로 자기 자신이 가지고 있는 재능을 통해서 돕는 것이다. 돈을 잘 번다면 돈으로 도와 줄 수도 있고, 아니면 요리, 레크리에이션, 그리고 가사일을 잘 하는 재능 등 여러 가지가 있다.

어려운 이웃에게 관심을 가지고 돕는 일이라면 돈을 기부하는 등 물질적인 도움만 생각하는 경우가 있다. 그러나 그렇지 않다. 자기가 가진 재능을 통해서 어려운 이웃을 돕는 방법은 아주 다양하다. 그리고 자기 자신에게도 도움이 되며 기쁨을 만끽할 수 있게 된다.

이렇게 어려운 이웃을 잘 살피고 도와 줌으로써 여러 가지 장점이 나타난다. 먼저 개인적으로 봉사하는 사람들을 보면 감사하는 마음을 갖게 되며, 자신에게 주어진 삶에 만족을 누리게 된다. 그 결과로 기쁨을 누리는 삶을 살게 된다.

자신보다 더 처지가 곤란한 사람들의 삶을 바라보며 자기에게 주어진 환경이나 재능에 대해서 감사하게 되고, 같이 어려운 이웃을 돕는 사람들을 지켜보면서 사회가 아무리 개탄할 지경이라도 아직은 깨끗하고 아름다운 곳이라는 것에 대해서도 생각하게 되며 감사하게 된다.

그래서 자신에게 주어진 삶의 역할을 기꺼이 받아들이고 최선을 다한다. 이러한 만족을 누리게 되면 그것은 삶의 기쁨으로 발전하게 되는 것이다.

또한 사회적으로 볼 때 봉사하는 자세가 그 사회의 문화로 자리잡게 되면 그 사회는 살기 좋고 건전하며 선진 복지사회가 될 것이다.

인생은 인과응보라는 것을 기억하라

인생은 인과응보다. 그래서 자기가 노력한 만큼 그리고 행동한 만큼 그 결과를 획득하게 된다. 이것은 인력을 배치하는 데도 적용된다. 사람을 배치할 때 그 사람의 능력을 고려하여 능력만큼의 결과를 나타내는 것이 바로 인력 배치의 인과응보다.

주식회사 롯데햄 임직원들은 모두 다 특징이 있고 훌륭하다고 생각한다. 나는 이러한 임직원들을 다양한 방법으로 평가한다. 부지런한 사람, 아이디어맨, 이론가, 평론가, 반대자, 탱크형, 개그맨, 선동자, 원칙주의자, 리더형, 행동파 등이다. 각기 특징을 가진 사람들의 장점만 보면 모두 다 훌륭한 일꾼인 것이다.

축대를 쌓을 때 반듯한 돌로만 축대를 쌓지는 않는다. 반듯한 돌만 가지고 축대를 쌓게 되면 튼튼하지 못하다. 그래서 둥근돌, 세모꼴, 네모꼴의 돌로 적절히 섞어 쌓아야 쉽게 무너지지 않고 오래간다.

이처럼 각 개인도 어느 부분에서 꼭 필요한 역할을 담당하고 있다. 학교에서도 영어, 수학, 국어, 역사, 과학, 체육, 음악 등과 같이 어떤 분야에 뛰어난 학생이 있다. 그러나 평가방법이 전체 성적을 과목으로 나누어 평균점으로 석차를 매기게 되므로 한 분야에서 월등한 성적으로 두각을 나타낸다 하더라도 전체 평균은 낮아지게 된다.

이러한 평가방법을 다양화하여 필요한 곳에 그에 맞는 특징을 가진 사람들을 골라 배치하면 몇 배의 능률을 올릴 수 있게 된다. 계산 잘 하는 사람은 회계 경리에, 언어능력이 뛰어난 사람은 영업에, 탱크형은 생산직에, 원칙주의자는 총무인사에, 선동자는 새로운 프로젝트에, 영어 잘 하는 사람은 무역에 배치하면 회사는 효율적으로 최대의 효과를 내면서 움직이게 된다.

약점과 단점만을 보기 시작하면 쓸만한 사람이 하나도 없다. 그래서 나는 개인마다 장단점을 평가하여 장점을 활용하는 인사정책을 펼쳐 나간다. 단점만을 골라 생각하면 이 세상에 쓸모 있는 사람은 한 명도 없으며, 내 맘에 드는 사람조차 하나도 없는 것이다.

누구든지 칭찬을 싫어하는 사람은 없다. 칭찬을 하면 그 장점으로 인하여 단점은 덮어지게 마련이다. 일을 시킬 때는 반드시 목표를 분명히 해야 한다. 무엇을 언제까지, 얼마만큼이라는 책임과 명분을 정확하게 지시했을 때 스스로 방법을 찾아 해결할 수 있는 능력을 길러 내게 된다.

이처럼 직원들을 배치할 때 장점을 최대한 이용하고 책임과 명분을 지시하면 매우 효과적으로 임무를 완수하게 된다.

인생이 인과응보라는 것은 인사 배치에도 적용되므로 당연히 삶의 전반적인 부분에 인과응보라는 룰이 적용된다.

다시 예를 들면 대인관계에서도 인과응보라는 룰이 있다. 그것은 사람을 대할 때 배려하고 아끼는 마음으로 대하는 것이다. 그렇게 되면 상대방도 자기를 배려해 주는 사람을 꼭 좋아하게 되지는 않는다 하더라도 싫어하지는 않을 것이다.

그리고 모르는 사람에게 베푸는 작은 친절이 개인에게 큰 기회로 돌아오는 경우도 종종 있다.

자신의 꿈과 비전을 계획하고 실행하라

사람은 꿈이 있기 때문에 살아간다. 그리고 건강하게 살면서 성취감을 느끼고 싶어한다. 행복하게 오래오래 살고 싶은 것이 인간의 욕망이다. 그렇다면 이 성취감과 행복은 어디서 얻을 수 있을까? 그곳은 자신의 일을 통해서 자신을 만들어 가는 곳, 즉 자신의 일터다.

그곳에서 자신과 조직을 통합하고 목표를 달성해 나간다. 이처럼 자신의 꿈을 이룰 수 있는 곳이 바로 직장이다.

그런데 최근에는 꿈과 비전을 상실한 채 살아가는 사람들이 많다. 꿈도 비전도 없이 하루하루 살아가는 것이다. 나는 과거 롯데제과에 입사하면서 나의 최종 목표는 이 회사 대표가 되는 것이었다. 그리고 이 꿈을 이루기 위해 매일 아침 5시에 일어나 남들보다 먼저 하루를 시작하였고, 맡은 일을 정직하게 최선을 다해 해냈다.

결과적으로 나는 꿈을 이루는 데 성공했다.

꿈을 갖되 그 꿈을 이루기 위한 구체적인 계획을 수립하지 않으면 이루어지지 않는다. 그리고 그 계획을 차근차근 실천해 나가야 한다.

그러면 그 꿈이 현실화되는 것이 조금씩 보이게 된다. 안타까운 것은 이러한 꿈을 갖지 않고 살아가는 사람들이 많다는 것이다. 그 이유는 과연 무엇일까? 사회가 그만큼 살아가기가 힘들고 또한 좌절을 안겨 주었기 때문이다. 그리고 희망을 잃어버렸기 때문이다. 마치 계란으로 바위치기를 하듯 희망을 갖기엔 현실이 너무 가혹하기 때문일 것이다. 그래서 이제는 더 이상 꿈을 갖지 않으려 한다. 하지만 어찌 꿈을 갖지 않고 살 수 있겠는가? 사람들의 꿈은 대개 성공과 행복이다.

재미있는 것은 나이별로 이루고 싶어하는 소망이 있다. 10대는 자유로움을 만끽하는 것이다. 이 시기에는 모든 것을 마음껏 누릴 수 있는 자유가 있다. 그리고 이러한 자유에 따른 책임을 묻지 않는 시기다.

20대의 꿈은 사랑이다. 청춘남녀가 사랑에 빠지게 되는 시기다. 그 사랑이 발전하여 결혼까지 갈지는 아무도 모른다. 그러나 청춘남녀는 서로 사랑하고 서로를 그리워하게 된다.

30대의 꿈은 화목한 가정이다. 20대의 사랑이 이루어져 한 가정을 갖고 아이를 낳으면 가족이 된다. 그리고 가족들이 서로 행복과 기쁨을 누릴 수 있는 방안을 생각하게 된다.

40대의 꿈은 당연히 여유로운 경제력이다. 이 무렵쯤 되면 재테크에 눈을 돌리게 된다. 집 장만부터 소비생활까지 돈 쓸 일이 많아져 돈을 많이 버는 데 관심을 가지고 그러한 목표를 가지고 살아가는 시기다.

50대의 꿈은 건강과 명예다. 우리 몸은 25세를 전후로 노화하기 시작한다. 50대에 이르면 몸이 예전 같지 않다는 것을 느끼게 된다. 건강관리에 특별히 신경을 쓰며 죽을 때까지 건강하게 사는 것이 꿈이다. 또한 추구하는 것은 명예다. 돈도 좋지만 이제는 과거 살았던 이력에 대해서 어느 정도 평가가 이루어지는 시기다. 그리고 그 결과로 명예가 뒤따르게 된다.

60대의 꿈은 다시 사랑이다. 젊었을 때 연정을 품었던 정열이 되살아나기 시작한다. 그리고 사랑의 대상이 광범위해진다. 과거 이성을 향했던 사랑이 이제는 가족, 사회, 국가, 민족 등으로 그 대상이 넓어지게 된다.

70대의 꿈은 가정화목이다. 이제는 살아가야 할 날들이 산 날에 비해 턱없이 모자란다. 언제 어떻게 될지 모르는 일이다. 그래서 행복한 가정을 추구하게 된다.

나이별로 갖게 되는 꿈 외에도 자신의 꿈을 가져야 한다. 그리고 꿈을 실현시키기 위해서 쉼없이 한 발 한 발 걸어가야만 한다.

10

경영은 솔선수범에서 출발하라

Manage by managing yourself

사장의 책임은 한계가 없다

20세기에 사장은 군림하는 시대였다. 그러나 지금은 같이 일하며 목표를 향해 선두에서 뛰지 않으면 조직을 이끌어 나갈 수 없다. 그리고 시간과 정보, 자금, 인력의 한계라는 조건 하에서 경영성과를 달성해야 하는 절박한 현실이다.

요즘은 전산에 의해 모든 자료가 대부분 공개된다. 그래서 경영은 투명하게 해야 한다. 투명한 경영을 포함하여 CEO로서 갖춰야 하는 자질은 무엇인지 나의 경험을 통해 이야기하고자 한다.

첫째, 근무시간을 철저히 지켜야 한다. 어느 회사의 사장이나 업무시간을 철저하게 지켜야만 한다. 그래야 회사의 중역, 간부 등이 이를 보고 따르게 된다.

둘째, 누구에게나 당당해야 한다. 제일 중요한 것은 재무회계가 투명해야 한다. 윗사람이나 아랫사람이 볼 때 이해하고 인정할 수 있도록 투명하게 경영해 나가야 한다.

그리고 행동 또한 투명해야 한다. 회사에서 사장 비서가 사장의 위치를 파악하지 못하는 일이 있어서는 안 된다. 세무회계도 투명해야 한다. 그래야만 정부기관이나 협력업체에 당당하고 대리점에도 당당할 수 있다. 이처럼 당당함은 바로 투명 경영에서 비롯되는 것이다.

셋째, 권한보다는 매사에 책임을 져야 한다. 회사에서 사장의 책임은 한계가 없다. 적자도, 종업원의 근무태도도, 불량품도, 납기를 못 지키는 것도 사장이 책임져야 한다.

책임이 없다면 권한도 없다는 것을 알아야 한다. 그러므로 경영 전반에 걸쳐 최후의 총체적인 책임자는 바로 사장이다. 그래서 사장은 업무보고를 받고 결재를 할 때 신중을 기해야 하며, 결재에 대해 책임을 져야 한다.

넷째, 도전적이어야 한다. 무사안일주의에 빠져 지금의 제도와 조직에 얽매여 새로운 일을 할 수 없다면 제도와 조직을 과감히 바꿀 능력이 있어야 한다. 현실에 부적합한 제도, 업무 능률을 올릴 수 없는 조직은 즉시 업무에 맞게 고쳐야 한다.

다섯째, 이익 분배를 할 때는 슬기롭게 해야 한다. 받는 즐거움보다 주는 즐거움이 크다는 말이 있듯이 회사와 관련된 모든 사람들에게 이익이 되어야 한다. 고객에게 값싸고 품질 좋은 제품을 공급하면 회사에 이익이 돌아온다. 종업원, 주주, 협력업체 대리점에게 이익을 공평하게 나눠 주어야 한다.

내가 CEO로서 성공한 배경도 이러한 원칙들을 지킴으로써 가능하였다. 그리고 하나 더 붙이자면 CEO는 스스로 건강을 지켜야 한다. 자신의 건강이 자기에게만 이익이 되는 것이 아니다. CEO의 건강은 직원 모두에게 큰 영향을 미치기 때문이다.

내가 겪은 경영자 코스와 경영자 수업

CEO로서 가져야 할 경영이념의 바탕이 있다. 경영은 이익을 추구하되 인간관계를 다루는 것이다. 단순히 돈에 관한 문제로 끝나는 것이 아니라 인간에 관한 문제다. 근로자 모두가 자유로운 환경에서 자신의 일을 스스로 하는 책임의식을 고취해야 하며, 다같이 풍요로움을 누리고 각자 삶의 질을 높이는, 다함께 살아가는 공동선(共同善)을 추구하는 것이 바로 경영이념의 바탕이다.

경영자는 하루 이틀에 만들어지지 않는다. 힘든 고개를 넘고 온갖 고초와 경험을 통해 만들어지는 것이다. 경영자로서의 혹독한 훈련과 경험이 경영자가 되기 위한 필수 코스다. 담금질을 통해서 쇠가 강해지듯 고초와 경험을 토대로 한 단계씩 점프하여 경영자의 위치에 서 는 것이다.

나는 롯데제과에서 경영과 수리(數理) 기술을 익혔고, 영업이사를 맡고 있는 동안 마케팅 능력을 키웠다. 본격적인 경영 수업은 롯데캐논에서 생산, 관리, 영업의 하모니를 이루어 내는 방법을 터득한 것에서 비롯되었다.

경영에서 가장 중요한 것은 고정비(固定費)와 변동비(變動費)를 구분하고 자금을 운영하는 능력이라 생각한다. 고정비를 통제하면서 변동비에 운영의 묘(妙)를 살리면 된다는 것이 나의 경영철학이며 신조다.

롯데의 임원 승진 문화는 독특하다. 그룹 내 40여 개의 계열 회사 가운데 사장직급은 10명이 채 되지 않는다. 모두 대표이사 부사장, 전무이사, 상무이사다. 그만큼 경영자로서의 담금질을 오래하게 되어 훌륭한 경영자를 만들어 내는 것이 목적이다.

대표이사 중에는 경리 출신, 영업 출신, 관리 출신, 기술자 출신 등 여러 부류가 있다. 나는 기술 계통만 거치지 않았을 뿐 경리, 영업, 관리 모두 두루 거쳐서 이 자리에 서게 되었으니 경영자 코스를 다 거친 셈이다.

그래서 모든 결재를 할 때 수리적으로 설계를 해 보고 다음에는 수요와 공급의 균형을 살핀 다음 인적 시스템을 구성하고 시기를 선택한다. 특히 반드시 Three Partism에 입각하여 유기적인 관계에 있는 것에 대한 파급효과 및 문제에 대하여 면밀히 검토한다. 이러한 능력도 경영일선에서 실패와 성공을 거듭하면서 체득한 생생한 경험에서 비롯되었다.

이러한 경험은 지난날 롯데삼강을 회생시키는 원동력이 되었다. 수영선수는 물속에서, 축구 선수는 그라운드에서, 훌륭한 강사는 강단에서 태어나는 것처럼, 경영자는 하루 이틀에 만들어지지 않는다. 실전에서 차근차근 실력을 쌓아올리고 스스로 준비하는 사람만이 훌륭한 경영자가 될 수 있다.

회사에서는 적어도 몇십 년이 걸려야 경영자 한 사람이 탄생된다. 선진 서구산업사회에서는 자본과 경영이 분리되어 전문경영자가 되는 길이 보통 험난한 것이 아니다. 게다가 뚜렷한 공적이 없으면 경영자로 발탁이 되지 않는다.

한시도 마음 편하게 쉴 수 없는 게 경영자다. 전문경영자는 경험도 많아야 하고 정보와 지식을 가지고 가장 효과적이고 성공적인 결정을 내리지 않으면 안 된다. 그래서 경영자는 고독한 승부사라고도 할 수 있다.

대화로 노사갈등을 해결하다

2002년 2월 1일 한 경제지에서 외국투자법인 사장들에게 설문지 및 인터뷰를 통하여 조사한 '한국근로자의 의식구조' 에 관한 결과를 보도했다. 첫 번째는 공적인 부분과 사적인 부분이 불분명하고, 다음은 근로환경에 대한 과다한 요구, 마지막으로 외국인 경영자에 대한 편견, 복무규율 순으로 나타났다.

첫 번째 공사(公私)가 불분명하다는 것은 누구의 책임이라고 판단하기 어렵지만, 나는 모두 사장의 잘못으로 돌리고 싶다. 경영자 자신이 공사가 불분명하니까 임직원 전체가 공사 구분을 불분명하게 여기는 것이라고 생각하기 때문이다. 경영자가 공사를 확연하게 구분했더라면 임직원에게 그에 대해 분명하게 책임을 추궁할 수 있다. 그러나 사장이 임직원들 눈에 공사를 구분하지 못하는 것으로 비쳤다면 사장은 책임 추궁을 할 수 없다.

두 번째 근로환경에 대한 과다한 요구에 대해서는 우리나라 근로자들은 생산성을 도외시한 요구조건이 너무 많다는 점에서 나도 일면 공감하는 부분이다. 업무 시작 시간과 마치는 시간의 차이라든가, 어려운 구내식당의 무료 운영 요건이나 각

종 임금 수당을 일률적으로 요구하는 행위, 근무 연한이 쌓이면 기능이 향상되고 개인의 능력도 향상되는 경우가 있겠지만 대부분의 생산현장직 장기근속은 되풀이되는 단순직무의 반복으로 일 년 주기를 경험해도 공통적인 역량일 수밖에 없는데 근속수당이라는 명목으로 임금 인상을 요구한다.

이러한 근로조건의 과다한 요구가 지나치게 많다. 우리도 이제는 연공서열이나 동일조건 임금인상 등을 자제하고 개인의 능력에 따른 직무급 노사관행을 만들어 가야 된다고 생각한다.

세 번째 외국인 경영자에 대한 편견은 우리나라 경영자들은 대개 온정주의다. 공사의 구분이 뚜렷하지 않고 지연이나 학연 또는 혈연을 중시하므로 인정에 호소하는 경우가 많지만, 외국인 경영자들은 합리성을 추구하고 공과 사가 분명하므로 인간미가 없어 보이고 냉정하게 느껴지기 때문에 발생하는 문제라고 생각된다.

롯데삼강에 근무할 때 구조조정을 통해 인원을 감축하는 어쩔 수 없는 아픔이 있었다. 이러한 것에 대한 비결을 묻는 사람들에게 나는 사장이 앞서서 솔선수범을 보였기 때문에 가능했다고 말한다.

노사는 영원한 대립과 협조의 공존체제라고 하지만, 나의 경영철학은 영원한 대립은 의미 없는 말일 뿐이라고 생각한다. 경영자가 투명하니 노동조합에도 과감하게 투명성을 요구할 수 있다.

노사가 투명하다 보면 정적인 개입 여지가 없다. 나는 노조에 운영자금이나 불법자금 지원을 하지 않았다. 그런데 사장이 정직하고 투명하니까 노조에서도 시비가 일어나지 않았다.

많은 사람을 구조조정하기 위해 나는 수백 번 그들과 대화하고 설득하기도 하였다. 저녁에 만나 밤을 새워 가면서 그들을 이해시키고 설득시켰다. 그러다 보니 한 번은 눈의 핏줄이 터져 빨갛게 충혈되었다. 주위 사람들은 빨리 병원에 가야 한다고 했지만, 내가 여기서 물러나 병원으로 가면 그 다음 진행이 차질을 빚게 될 것 같았다.

그래서 손수건으로 눈을 감싼 채 근로자들과 협상을 계속하였다. 그 결과 근로자들은 나의 주장을 받아들이고 물러나게 되었다. 이처럼 모든 일에 있어서 우연히 성과가 이루어지는 일은 별로 없다.

나의 노력과 롯데에 대한 헌신이 롯데삼강을 흑자기업으로 만들었고, 나 또한 그룹에서 인정받을 수 있었던 것이다.

경영자는 이해와 설득,
결단과 실천궁행의 지휘자

다른 사람을 이해시키고 설득하는 것만큼 어려운 일도 없을 것이다. 그것도 서로 이론과 주장이 다른 사람은 더 힘들다. 오래 같이 살아온 부모님이나 배우자를 이해하고 설득시키는 것도 어려운데, 하물며 다른 사람이야 두말 할 것도 없다.

수십 년 우정을 나누어 온 친구도 서로 의견이 맞지 않아 절교를 선언하는 경우도 많이 보아 왔다. 그렇게 많은 세월이 흐르면 사람들은 생각과 행동반경이 결정된다. 그래서 나름대로 생각하는 바가 생기고 이른바 주관이 형성된다.

이러한 주관에 따라 의사결정을 하고 행동한다. 그래서 수십 년이 지난 후에 이전에 알았던 사람이라 할지라도 대화를 하는 데 심각한 어려움이 있게 되는 것이다.

대화를 하기 위해서는 주제가 있어야 하고, 그 주제에 대한 폭넓은 지식과 정보가 있어야 한다. 대화를 전개시키기 위해서 어느 정도 대화의 기술도 필요하다. 그러나 그 전에 상대방을 인정하는 것이 대화에 있어서 가장 중요하다고 생각한다.

대화의 전제조건인 상대방을 인정하지 않으면 상대도 나를 인정하려 하지 않게 될 것이므로 대화는 거기서 멈추게 된다. 먼저 상대방의 이야기를 충분히 경청하고 요구사항은 무엇인지, 무엇을 말하려는 것인지 정확하게 이해하여 상대방의 입장을 충분히 파악한 후, 내가 상대방의 입장이 되어 상대방이 듣고 싶어하는 답이 무엇인지 알고 원하는 답을 해야 대화가 제대로 이어진다.

상대방의 이야기를 들어 보지도 않고 나의 주장과 의견만 관철시키려 들면 상대방도 마음의 벽을 허물지 않는다. 상대방을 설득시킬 때는 욕심 내지 말고 서두르지 말아야 한다. 끈질긴 노력과 성의를 보여야만 상대방이 감동을 하게 된다.

사장이라는 직책은 말로써 이해시키고 설득하여 임직원을 움직여 성과를 이끌어 내는 자리다. 원료를 사들이고 제조하고 판매하는 일 중 어느 하나 사장 혼자의 힘으로 할 수 있는 것이 없다.

오직 조직을 움직여 이익을 창출하고 축적하고 분배하는 것이 사장의 직무다. 롯데삼강에 부임하자마자 본사를 공장으로 이전한 것은 대표이사로서의 나의 결단과 실천궁행의 결과다. CEO는 이처럼 결단력이 있어야 하며 몸소 실천에 옮겨야 한다. 그리고 나의 이러한 전적인 결단은 롯데삼강을 초우량 기업으로 변신시켰다.

나는 그때 두 가지 뜻을 가지고 이러한 결단을 내렸다. 첫째
는 실속을 차리는 것이었다. 즉 일의 능률을 올리자는 전략적
인 선택이었다. 다음으로는 지금까지의 관행이나 관리방침을
송두리째 바꾸는 일대 혁명을 보여 주자는 선택이었다.

그 결과 2000년에는 차입금을 모두 상환하고 오히려 순수한
예금자산이 100억에 달했고, 당기순이익도 무려 221억을 달
성하기까지 하였다. 이처럼 기업의 대표이사는 임직원을 잘
이해시키고 설득하여야 하며, 그래야 그들이 하나가 되어 조
직의 목표를 달성할 수가 있다. 또한 중요한 순간에 결단을 내
려야 하며 이것을 실행에 옮겨야 한다.

경영자는 직원들의 꿈을 실현시켜야 한다

조직에서는 누구나 자기 역할을 성공적으로 수행하는 것이
절대적으로 필요하다. 그래서 어느 역할이 더 소중하다고 말
할 수가 없다. 신체의 각 부분을 살펴보아도 그렇다.

어느 부분이 자기 역할을 제대로 하지 않으면 몸에 적신호
가 켜진다. 조그맣다고 해서 크다고 해서 그 역할이 별로 중요

하지 않다고 할 수 없는 것이다. 신체의 가장 작은 부분이라도 건강한 신체를 유지하고 원활하게 신진대사가 촉진되기 위해서는 꼭 필요한 것이다.

이처럼 신체의 여러 부분이 자기 역할을 원활하게 진행하면서 건강한 몸을 유지하고 활발하게 활동하게 하는 것이다. 조직도 마찬가지다. 제일 윗자리에 대표이사가 있는 반면에 가장 아래에 신입사원이 있다. 그리고 그 주위에 조직에 협력하는 사람이 있다.

신체처럼 조직도 각자 자기 역할을 성공적으로 진행해 나갈 때 목표를 달성하고 성공하게 되는 것이다. 그리고 신체에서 머리 역할을 수행하고 판단을 내리고 행동하는 근거를 마련해 주는 조직의 부분이 있다.

그 머리 역할을 하는 것이 조직의 CEO다. 이 CEO의 요건에 대한 나의 의견은 이렇다. 첫째, 직원들의 꿈을 실현시켜 주는 것이다. 직원들은 직장생활을 하면서 여기서 얻는 금전적인 대가도 있지만 여러 가지 꿈을 가지고 일하게 된다.

리더는 이러한 직원들의 희망이 무엇인가 파악하고 있어야 한다. 그리고 때에 따라 기회에 따라 그 직원들의 희망을 들어주고 실현시켜 주는 역할이 반드시 필요하다. 그러면 직원들은 리더를 이해하고 리더의 지시를 잘 따르며 자신에게 주어진 역할을 충실하게 수행한다.

다음으로 리더의 역할은 폭넓은 사고를 가져야 하는 것이다. 인간 사회는 사람이 기초가 되어 이루어지며 사람의 수도 엄청나다. 그리고 이에 따른 조직의 수도 헤아릴 수가 없다. 이러한 사람이나 조직의 역할이나 목적에 대해서 파악하려면 아마 평생 연구해도 부족할 것이다.

그래서 사람은 살아가면서 만나는 사람이 어느 정도 정해져 있게 마련이다. 리더는 이러한 사람들에게 관심을 가지고 그들의 행동이나 언어, 규칙, 사고방식, 취미 기타 등등을 파악할 수 있는 폭넓은 사고를 가지고 있어야 한다.

마지막으로 리더는 해결자여야 한다. 다른 사람들이 해결하지 못하는 문제를 해결할 수 있는 역량이 있어야 한다. 나폴레옹이 지금도 젊은이들에게 추앙받고 있는 이유는 그가 불가능한 것을 가능하게 했기 때문이다. 따라서 리더는 다른 사람이 불가능하다는 일에 대해서도 가능한 점이 발견되면 문제를 해결해 내야 한다.

한 가지 덧붙이자면 리더는 인간을 존중해야 한다. 세상의 모든 일은 인간으로부터 비롯된다. 그래서 인간은 누구나 세상에 필요하고 존중받아야 한다. 그러므로 리더는 누구나 어느 위치에 있는 사람이든 존중하는 자세를 가져야 한다.

직원의 능력을 일깨우고 그들을 성장시켜라

사람은 각자 특별한 능력을 가지고 있다고 생각한다. 그런데 평생 동안 자신의 능력 가운데 20% 이내만 발휘한다고 한다. 내재되어 있는 80% 능력은 사장된 채 사용하지 못하고 마는 것이다.

성공의 지름길은 잠재능력을 얼마나 활용하는가에 따라 달라질 수 있다. 그리고 회사의 CEO라면 직원들의 이러한 잠재능력을 일깨우는 것이 필요하다. 그러기 위해 직원들을 항상 지켜보고 연구하며 생각하는 자세를 가져야 한다.

잠재능력은 하나의 목표를 위한 집중에서 비롯되기도 한다. 여러 방향으로 자신의 힘을 분산시키면 최대한의 잠재력을 발휘할 수가 없다. 예를 들어 미국에서 대성공한 한국인 프로골퍼들을 보면 알 수 있다.

그들은 프로골퍼가 되기 위해 어려서부터 골프에만 전념함으로써 다른 분야는 다소 뒤떨어지더라도 유명한 골프선수가 될 수 있었던 것이다.

그리고 잠재능력은 현재에 만족해서는 안 된다. 본인의 잠재력을 지속적으로 발전시켜 지금보다 더 나은 세계에 도전해야 한다. 항상 개선과 발전에 주력할 때 성공의 길도 그만큼 빨라진다.

CEO는 부하직원과 밀접한 관계에 있기 때문에 이미 두드러지거나 혹은 잠재되어 있는 부하직원의 인격, 능력, 성과 등을 잘 이끌어 내야 한다. 그것이 대표이사로서의 중요한 직무이기도 하다.

본인도 알고 있지 못하는 부하직원의 장점을 발견하고 그 능력을 발휘한 적이 있다면 그것을 칭찬해 주며, 앞으로 어떤 노력을 지속해야 그 능력이 크게 발휘될 것인지를 가르쳐 주어야 한다.

그리고 부하직원의 장점을 발견하는 것과 같이 중요한 사항은 이러한 장점을 신장시켜 주는 일이다. 부하직원의 장점을 발견했으면 그것을 활용하게 해야 한다. 나아가 이러한 능력을 계속 발전시켜 큰 역할을 할 수 있게 여건을 마련해 주고 그 능력을 신장시켜 주는 환경을 만들어야만 하는 것이다.

경영자는 신용을 지켜야 한다

어린 시절 어머니와 함께 농사를 지으면서 나는 어머니로부터 많은 것을 배웠다. 어머니는 나에게 특별히 말씀을 하시지 않았지만, 어머니의 삶의 모습을 통해 나는 살아가면서 지녀야 할 품성을 배웠던 것이다.

그 중에서 가장 큰 것이 근면과 성실함이었다. 내가 일에 지쳐 아침에 늦잠을 자고 있으면 어머니는 혼자 들에 나가셔서 나의 몫까지 일을 하곤 하셨다.

그리고 몸살이 나셨을 때도 어머니는 누구에게도 말씀하시지 않고 들에 나가서 하루 일과를 마무리하셨다. 지금은 그때 어머니가 왜 그렇게 하셔야만 했는지 알 수 있을 것 같다.

어머니는 나에게 이러한 근면과 성실함을 몸소 실천으로 가르쳐 주셨다. 대개 부모가 자식에게 훈계할 때 자식은 말대꾸를 하게 된다. 그 말대꾸 중에서 가장 큰 것이 부모는 그렇게 하지 않으면서 왜 나에겐 그것을 강요하느냐는 것이다.

따라서 어머니는 나에게 게으르다고 또는 불성실하다고 한 번도 말씀하신 적이 없다. 어머니 마음으로는 그런 나를 못마땅하게 여기셨음에 틀림없을 것이다. 그러나 어머니는 훈계보다는 몸소 이를 가르쳐 주셨다.

이것이야말로 나에게 평생 교훈이 되었고 지금까지도 지켜 오고 있으며, 이것은 내가 지금의 지위와 명예를 얻는 데 중요한 역할을 했다. 가정형편이 빈한하여 중학교 입학을 포기하게 되었을 때 나는 어린 마음에 우리집 형편과 환경을 원망했었다.

그래서 나도 모르게 어머니에게 짜증을 내곤 했다. 그때마다 어머니는 웃으면서 말씀하셨다.

"큰 부자는 하늘에서 내리고, 작은 부자는 부지런해야 한단다."

지금도 나는 직장에서 내 일이 아니더라도 도움이 필요한 일이라면 망설이지 않고 도와 준다. 그리고 일이 끝났다고 편하게 쉬는 것이 아니라 다른 일이 없나 두리번거린다.

롯데제과에 입사해서 주식회사 롯데햄 대표이사 자리에 오르기까지 나는 이러한 자세를 한 번도 잊은 적이 없다. 그래서 어머니의 교훈대로 사람들이 부러워하는 자리에 올랐고, 여유로운 생활을 하고 있다.

40년간 근무하면서 결근을 한 적이 없다. 그만큼 성실하게 직장생활을 해 왔다고 자부한다. 내가 고졸 출신으로 최고 경영자가 되기까지 특별한 비결이 있는지 사람들은 묻곤 한다.

솔직하게 이야기하자면 특별한 것이 없다. 학벌도 인맥도 남들에 비해 부족하다. 그래도 굳이 밝힌다면 근면과 성실함이라 할 수 있겠다.

아무리 살기 힘들다 할지라도 내가 말한 이 두 가지 요소만 지킨다면 누구나 지금보다는 부유하게 잘 살 수 있을 것이다. 그리고 이 요소는 그리 어렵지 않기 때문에 세상 사람들에게 이것을 지키기를 간곡하게 바라는 것인지도 모른다.

또 하나 경영자로서 꼭 지켜야 할 것은 약속이다. 앞서 말한 근면과 성실함에 덧붙여 신용을 지킨다면 이 세 가지 요소로 일생을 무리 없이 잘 살아갈 수 있을 것이다. 어느 누구와의 약속도 성실하게 지켜야 한다.

경영자는 적을 만들어서는 안 된다

나는 사람에 대해서 특별히 좋고 나쁜 사람이 없다. 물론 나와 잘 통한다면 좋다고 말할 것이고, 나에게 해를 끼친 사람이라면 나쁘다고 말할 것이다.

그런데 내가 살아오면서 싫어하는 사람이 있다. 바로 조직

내에서 싸움을 일으키는 사람이다. 이런 사람은 사소한 일에도 시비걸기를 일삼는다. 또한 큰소리치기를 좋아한다. 다른 사람이라면 서로 의견을 조정해서 현명하게 마무리짓지만 이런 사람들은 조금 다르다.

대체로 싸움을 일으키기 좋아하는 사람은 자기주장이 너무 강해서 다른 사람들의 의견을 받아들이지 않기 때문에 사소한 문제로도 싸움이 나게 마련이다.

그리고 이러한 사람은 자기과시를 잘한다. 스스로 자기를 대단한 위인으로 생각하는 것이다. 따라서 다른 사람들이 자기에 대해 솔직하게 좋지 못한 점을 이야기하고 개선할 것을 요구하면 대뜸 따지고 든다.

나아가 자기를 좋지 않게 말했다고 보복을 하기도 한다. 이같이 큰소리치기 좋아하는 사람이나 자기주장이 너무 강한 사람, 자기과시형 사람들은 싸움을 일으킬 확률이 높다.

직장에서 주변사람들과 불화를 일으켜서는 안 된다. 이런 사람들은 자기 주변에 지지자를 두어도 부족할 텐데 적을 만드는 것이다.

나는 지금까지 사회생활을 하면서 모든 사람들에게 도움이 되면 됐지 폐를 끼치지 않으려 노력해 왔다. 곧 모든 사람들에게 유익한 사람, 필요한 사람이 되려고 애를 썼다. 이것이 나의 처세술인 것이다.

싸움을 좋아하는 사람은 아무리 능력이 있고 학연이나 인맥이 뛰어나더라도 조직에 크게 도움이 되지 않는다. 결국 이런 사람은 조직에서 오래 버티지 못한다.

특히 파벌을 조성하고 다른 조직을 만들어 원래의 조직에 대항하는 사람 역시 조직에서 곧 도태되어 버린다. 또한 이간질하는 사람, 시기나 질투심이 많은 사람, 욕심이 지나치게 많은 사람, 자신의 이익만 챙기려는 사람 역시 사회에서 환영받지 못한다.

따라서 기업의 CEO라면 적을 만들지 말아야 한다. 방법은 내가 제시한 것을 실제로 행하는 것이다. 그것은 만나는 모든 사람에게 도움을 주는 것이다. 그리고 나를 아는 모든 사람들에게도 도움을 주는 것이다.

이것이 대인관계의 튼튼한 기본 자세다.

노사 모두 한 배를 탄 공동운명체

어떤 사람은 근로자로 종사하다 퇴직하게 되고, 어떤 사람은 회사의 최고자리인 CEO가 되기도 한다. 이것은 운명적으로 정해져 있는 것인가 아니면 노력으로 이룰 수 있는 것인가, 나는 가끔 상념에 잠기곤 한다.

과연 운명이란 있는 것인지 곰곰 생각해 본다. 만일 운명이 있고 이것을 그 사람이 알아버린다면 그는 자신의 운명을 어떻게 받아들이고 앞으로 어떻게 살 것인가?

내 생각에 인간은 자신의 운명에 대해서 모른다는 것이다. 그렇다면 누가 축복받는 삶을 사는 것인가. 이에 대한 답변으로 나는 책에서 읽은 경구를 인용하고 싶다.

"축복받거나 축복이 있는 삶을 사는 사람은 나쁜 사람의 생각을 따르지 않고 죄인의 삶을 살지 않으며 교만하지 않는 자다."

과연 이같이 살아갈 때 그 사람은 축복받는 일생을 살게 될 것이다.

노사관계에서도 마찬가지다. 근로자들이나 사용자들이 부정을 저지르지 않고, 나쁜 생각으로 아니면 자신의 잇속을 챙기기 위해 사업장에서 일하지 않고 법에서 정한 원칙을 벗어

나는 범법행위를 하지 않아야 할 것이다.

근로자나 사용자들은 법이 정한 원칙과 계약 내용을 제대로 준수하여야만 한다. 그렇지 않으면 죄인의 삶을 살아가게 될 것이며, 그것은 축복받는 삶을 영위하지 못하게 되는 것이다.

그리고 근로자와 사용자가 잊지 말아야 할 것은 모두 기업이 목표를 달성하도록 꼭 필요한 역할을 해야 한다는 것이다. 이것은 배가 움직이는 것과 같다. 기관사가 필요하고 요리사가 필요하고 선장도 필요하다. 이 중에서 어느 하나라도 없으면 배는 목적지에 도달할 수 없다. 그래서 근로자나 사용자나 같은 목적지를 향하여 바다를 항해하는 공동운명체라 할 수 있다.

역시 누구의 역할이 가장 중요한가는 쉽게 판단할 수 없다. 그리고 목적지에 닿을 때까지 안전하고 즐거운 바닷길이 되도록 그 배를 운항하는 직원들이 서로 협력하고 양보하고 존중하는 자세가 절실히 필요하다.